有趣的语文

程玉玲◎著

时代文艺出版社
SHIDAI WENYI CHUBANSHE

图书在版编目（CIP）数据

有趣的语文 / 程玉玲著. -- 长春：时代文艺出版社, 2023.5

ISBN 978-7-5387-7133-6

Ⅰ.①有… Ⅱ.①程… Ⅲ.①语文教学－教学研究 Ⅳ.①H19

中国版本图书馆CIP数据核字(2022)第232664号

有趣的语文

YOUQU DE YUWEN

程玉玲　著

出 品 人：吴　刚
责任编辑：初昆阳
助理编辑：卢宏博
装帧设计：任　奕
排版制作：任　奕

出版发行：时代文艺出版社
地　　址：长春市福祉大路5788号　龙腾国际大厦A座15层（130118）
电　　话：0431-81629751（总编办）　0431-81629758（发行部）
官方微博：weibo.com/tlapress
开　　本：710mm×1000mm　1/16
字　　数：220千字
印　　张：17.75
印　　刷：长春第二新华印刷有限责任公司
版　　次：2023年5月第1版
印　　次：2023年5月第1次印刷
定　　价：69.80元

图书如有印装错误　请寄回印厂调换

序

　　我是一个活得简单的人。喜欢一个人，便定然是因为喜欢他这个人。喜欢做一件事，便定然是因为喜欢这件事。我喜欢语文，做学生的时候喜欢学，做老师的时候喜欢教。

　　小时候，我住在一个小镇子里，那时人们生计艰难，没有什么学习的氛围。在那样自由宽松的环境里成长，却是我的幸运。我除了和伙伴们一起疯玩儿，剩下的时间我都用来看书。在我小学四年级的时候，无意中从家中柜子里翻出来一本《隋唐演义》，那是我读的第一本小说。从此我喜欢上读书。买过，租过，借过，途径丰富，品类驳杂。

　　我特别感谢自己当年"填鸭式"的读书经历。当年不求甚解读过的那些书，有一些在我人生的某个瞬间忽然了悟，当然还有更多的书至今还在我的头脑中休眠。但我相信，一个人的样子里，一定藏着他走过的路、他爱过的人，以及他读过的书。 我也特别感谢家乡小镇那些竭尽心力托举过我的老师。多巧，长大后，我就成了他们。

我喜欢教语文。语文中有至道正理，有众生百态，有志同的伙伴，有道合的伴侣，有丰盈的外物，有有趣的灵魂。

我们要做一个怎样的人？我们希望我们的子孙后代做怎样的人？我常常觉得教师这份职业神圣，要解惑，要授业，要传道。我们怎样做人，我们想让我们的后代怎样做人，我认为这些都和语文教学息息相关。尽管有着这样重大的使命，但在语文教学中，我并不战战兢兢，而是觉得趣味无穷。

一本教材在手，这一篇文章和那一篇文章，各得其宜，似断还连。由读文而识人，由识人而知时明事，晓古通今，曲径通幽，学无止境。几十个学生在侧，这一些学生和那一些学生，各有其妙，虽散实聚。相伴而学，教学相长，乐在其中。

一个语文老师，可以在与文本、学生、生活的三重对话里不断成长，实在是幸甚至哉，很值得文以咏志。所以我便也随手记录了这些，当时的兴之所至，如今能够集结成册，实在是感谢上过的课、研究过的课题、写过的随笔。"少年欲相饮，此乐何可涯？"在我看来，教语文，如饮酒。"独醉亦有趣，兀然无与他！"当然，若有同好者，那便是"共君一醉一陶然"……

我愿意做语文老师，并愿意做好一个语文老师。实在是因为，这样有趣的事，值得终身为业。

目 录

壹 语以载趣

　　把一件事做好的动力是什么呢？每个人的原因各不相同，但一定是这件事让人觉得有趣。教了二十多年语文，我一直觉得教语文是一件有趣的事情。

　　在语文教学的过程中，我实现了自我成长。苏轼说："盖将自其变者而观之，则天地曾不能以一瞬。"变化是人生的必然，对于这种必然，我由一开始的畏惧、抱怨，到满怀期待、跃跃欲试，再到如今的乐在其中，用了二十年。二十年间，我历经教材、课标、教法的多次变化，仍坚持初心不改并且略有心得，全是因为语文教学确实有趣。

　　变化就是趣味。明白为什么变化和如何以变应变，更是有趣。

第一章　本立道生

第一节　教学理念的确立

"求木之长者，必固其根本；欲流之远者，必浚其泉源。"语文教学确实博大精深，学生常常开玩笑说语文是没有严谨规律可循的学问，可实际上这也正是其趣味所在。语文是有科学有效的学习方法的。想要语文教学有效，要抓住根本。这是一个简单的道理，却也着实需要一个相对漫长的"了悟"的过程。

年轻教师初登讲台，一般都事务驳杂，疲于应付，以致难以平心静气。懒惰一些的年轻教师干脆自己在网上搜一些拿来能用的教案、课件，顾不上自己思考斟酌，就这样一课一课地机械执行。课上完了，老师自己都没有获得进步，学生能学到什么，可想而知。

另有一些教师年少气盛，头角峥嵘，恨不得将满腹诗书一下子倒给学生，把课标、考纲全当成了摆设，认为这些教学规范离实际的课堂教学很远，就连教学参考书也觉得刻板。在课上求多求新，旁征博引，其实散漫无际，学生倒是觉得老师确实讲了好多，但该学什么、学会了什么，却还是感到一片茫然。

很多教师都经历过这样的过程，有的人靠老教师的点拨或者自己的领悟，能够做出改变，而有的人可能从站上讲台开始，到教师生涯结束也不能明白。以我的经验，一个年轻教师究竟能成长为什么样子，一般三年就可见分晓，一轮高三结束，如果能在教学上精心总结，静心思考，那么其成则可待矣。

听过一个读书的理论，是说要把书读"厚"了，然后再把书读"薄"了。我觉得教学与此相类似。我们教学的终极目标也是一个由驳杂归于统一的过程，最终要靠这个"一"一统我们的教学。

这个"一"就是课程标准。研究课程标准，我们才能明白，我们的课程要教什么、怎么教。适逢新高考、新课改，2017 年，教育部制定了新版语文课程标准，并在 2020 年进行了修订。我们比较一下 2017 年版 2020 年修订的语文课程标准（以下简称"新课标"）和 2003 年版语文课程标准（以下简称"旧课标"）的差别：

一、课程性质的不同

"新课标"的性质	"旧课标"的性质
语言文字是人类社会最重要的交际工具和信息载体，是人类文化的重要组成部分。语言文字的运用，包括生活、工作和学习中的听说读写活动以及文学活动，存在于人类社会的各个领域。 　　语文课程是一门学习祖国语言文字运用的综合性、实践性课程。工具性与人文性的统一，是语文课程的基本特点。语文课程应引导学生在真实的语言运用情境中，通过自主的语言实践活动，积累言语经验，把握祖国语言文字的特点	语文是最重要的交际工具，是人类文化的重要组成部分。工具性与人文性的统一，是语文课程的基本特点。 　　高中语文课程应进一步提高学生的语文素养，使学生具有

（续表）

"新课标"的性质	"旧课标"的性质
和运用规律，加深对祖国语言文章的理解与热爱，培养运用祖国语文文字的能力；同时，发展思辨能力，提升思维品质，培育社会主义核心价值观，培养高尚的审美情趣，积累丰厚的文化底蕴，理解文化多样性。 　　普通高中语文课程，应使全体学生在义务教育的基础上，进一步提高语文素养，形成良好的思想道德修养和科学人文修养，为终身学习奠定基础，为传承和发展中华文化、增强民族凝聚力和创造力发挥独特的功能，为培养德智体美劳全面发展的社会主义建设者和接班人发挥应有的作用。	较强的语文应用能力和一定的审美能力、探究能力，形成良好的思想道德素质和科学文化素质，为终身学习和有个性的发展奠定基础。

1. "新课标"进一步明确了语言文字的重要地位，指出语言文字不仅是人类文化的重要组成部分，还存在于人类生活的各个方面；

2. "新课标"新增了对语文课程的性质、特点及育人功能的具体阐述；

3. "新课标"对高中语文课程性质不仅保留了"旧课标"中对语文素养、思想道德素质、科学文化素质、终身学习、个性发展等的要求，还提出了对传承和发展文化、增强民族凝聚力和创造力的新要求。

二、课程的基本理念的不同

"新课标"的理念	"旧课标"的理念
1. 坚持立德树人，增强文化自信，充分发挥语文课程的育人功能。 2. 以核心素养为本，推进语文课程深层次的改革。	1. 全面提高学生的语文素养，充分发挥语文课程的育人功能。 2. 注重语文应用、审美与探究能力的培养，促进学生均衡而有个

（续表）

"新课标"的理念	"旧课标"的理念
3. 加强实践性，促进学生语文学习方式的转变。 4. 注重时代性，构建开放、多样、有序的语文课程。	性地发展。 3. 遵循共同基础与多样选择相统一的原则，构建开放、有序的语文课程。

1. "新课标"在强调提高语文素养的同时，提出了以核心素养为本的理念；

2. "新课标"在强调发挥语文课程的育人功能的同时，明确提出了立德树人、增强文化自信的理念；

3. "新课标"在强调构建开放、有序的语文课程的同时，还提出了注重时代性、多样性的理念。

三、课程目标的不同

"新课标"的课程目标	"旧课标"的课程目标
1. 语言积累与建构。 2. 语言表达与交流。 3. 语言梳理与整合。 4. 增强形象思维能力。 5. 发展逻辑思维。 6. 提升思维品质。 7. 增进对祖国语言文字的审美体验。 8. 鉴赏文学作品。 9. 美的表达与创造。 10. 传承中华文化。 11. 理解多样文化。 12. 关注、参与当代文化。	通过高中语文必修课程和选修课程的学习，学生应该在以下五个方面获得发展： 1. 积累·整合； 2. 感受·鉴赏； 3. 思考·领悟； 4. 应用·拓展； 5. 发现·创新。

1．"新课标"与"旧课标"，在课程目标上都强调知识与能力、过程与方法、情感态度价值观三维目标的整合。

2．"新课标"紧紧围绕语文学科核心素养的四个方面（语言建构与运用、思维发展与提升、审美鉴赏与创造、文化传承与理解）展开，目标具体明确，内容丰富，紧跟时代发展的新形势。

四、课程结构的不同

"新课标"的结构	"旧课标"的结构
普通高中语文课程由必修、选择性必修、选修三类课程构成。三类课程分别安排7-9个学习任务群。中华优秀传统文化、革命文化和社会主义先进文化方面的内容始终贯穿必修、选择性必修、选修。 　　必修课程7个："整本书阅读与研讨""当代文化参与""跨媒介阅读与交流""语言积累、梳理与探究""文学阅读与写作""思辨性阅读与表达""实用性阅读与交流"。 　　选择性必修课程9个："整本书阅读与研讨""当代文化参与""跨媒介阅读与交流""语言积累、梳理与探究""中华传统文化经典研习""中国革命传统作品研习""中国现当代作家作品研习""外国作家作品研习""科学与文化论著研习"。 　　选修课程9个："整本书阅读与研讨""当代文化参与""跨媒介阅读与交流""汉字汉语专题	高中语文课程包括必修课程和选修课程两部分。 　　必修课程包含"阅读与鉴赏"、"表达与交流"两个方面的目标，组成"语文1"至"语文5"五个模块。每个模块都是综合的，体现"阅读与鉴赏"、"表达与交流"的目标和内容。必修课程五个模块的学习可在高一至高二两个学期半的时间里循序渐进地完成，也可以根据需要灵活安排。 　　选修课程设计五个系列。系列1：诗歌与散文；系列2：小说与戏剧；系列3：新闻与传记；系列4：语言文字应用；系列5：文化论著研读。每个系列可设计若干模块。学校应按照各个系列的课程目标，根据本校的课程资源和学生的需求，有选择地设计模块，开设选修课。对于模块的内容组合以及模块与模块之间的顺序编排，各学校可以根据实际情况灵活实施。课程

（续表）

"新课标"的结构	"旧课标"的结构
研讨""中华传统文化专题研讨""中国革命传统作品专题研讨""中国现当代作家作品专题研讨""跨文化专题研讨""学术论著专题研讨"。	的具体名称可由学校自定。

1. "新课标"在课程结构上增设了选择性必修课程；

2. "新课标"每个部分的课程，均以学习任务群的形式展开，每个部分分别安排7-9个学习任务群；

3. "新课标"在课程结构部分，突出强调中华优秀传统文化、革命文化和社会主义先进文化方面的内容始终贯穿必修、选择性必修、选修。

厘清课程标准的变化，我们就对语文教学到底要教什么、怎么教以及为什么这样教有清晰的认识了。我们要在语文课堂上落实核心素养，要把学生培养成为德、智、体、美、劳全面发展的社会主义建设者和接班人。既然"纲举目张"，剩下的就是"顺理成章"了。

语文归根结底是语言文字的学问，在汗漫的语言文字中，我们和学生需要共同研究的语言文字来自教材。

我们应该清楚，课程标准对语文教学起到指导性作用，引领方向，明确教学结构。要解决语文教学有效性的问题，首先要认真研究"新高考"背景，这就是所谓的"纲举目张"。新高考的"一核四层四翼"，高屋建瓴，将"为什么考""考什么""怎么考"的问题清晰地摆在教学者面前。以此为纲，精心研究，方可在提高语文教学有效性上有所作为。

语文教材是教学的依托，是实现教学有效性的抓手。要想提高语文教学的有效性，须得回归"本义"——依托教材文本，落实学科素养。这样才能解决"我能教给学生什么""我所教的和高考考的有什么关系""学生一节语文课到底能学到什么"等问题。

对于语文学科的核心素养，"新课标"中有清晰的阐释：语言建构与运用，思维发展与提升，审美鉴赏与创造，文化传承与理解。我们要做的是备课时备明每一篇文本该如何落实语文的核心素养，进行教学设计时将核心素养巧妙地融入，授课时将其扎实落实。

首先是抓单篇，巧落实。

以《归去来兮辞》为例，这是个旧篇章，但在"新课标""新高考"的模式下就需要探索新教法。

语文核心素养的四个方面具有整体性和融合性，但又有侧重点，其中"语言建构与运用"是核心素养的立足点和根本点。首先，本课是文言文，是落实"语言建构与运用"这一能力的重点和难点。其次，文言文也是篇章，必须培养学生阅读篇章的意识，掌握阅读文章的方法，发展和提升学生阅读思维。最后，陶渊明的隐士精神以及魏晋文化，都是中华传统文化宝库中的珍宝，要引导同学们学会审美鉴赏，要让他们能够理解和传承。这样在落实基本点的同时就自然融入和提升了其他三个方面的素养。

为了确保阅读的整体性，在教学设计时要避免"文"和"言"油水分离。所以可以如此设计导入新课：

《说文解字》中说，"题，额也"。可见标题是我们阅读一篇文章的第一个抓手。那么阅读本文标题，大家觉得哪些字词会对我们的阅读起到指引作用呢？

这样导入的目的是从标题入手，抓关键字词，明确文体特点，明确写作重点。"哪些字词"这样发散的问法，利于调动学生的思维。答案既能体现个性特点，最后又能归于全面和统一。

可以抓住"归"字，梳理文章，为何而归，归于何处，归去如何？做到牵一发，明全文。培养学生抓关键，以问题为突破口，整体把握文章的能力。可以抓住"辞"字，"辞"这种文体侧重于抒情，文题暗藏情感——归隐田园之乐。既然抒发归隐之乐是这篇文章的关键，便让学生找到能体现作者归隐之乐的语句。因为这篇文章是文言文，自然要把握文言要点，于是归纳总结文言知识。这样将对文章的整体把握与学习文言文知识结合在一起，水乳交融，引导学生完成对文言和文章的学习，在落实语言建构运用的基础上促进学生思维的发展与提升。

本文是文学作品，有着厚重的文化底蕴。所以可以设置讨论探究题：

1. "善万物之得时，感吾生之行休""寓形宇内复几时"，是不是人生苦短的感伤？"乐夫天命复奚疑"是不是随波逐流的消极？

2. 我们常说文如其人，言为心声。斯人也，而有斯情也。那么，陶渊明是一个什么样的人？结合所学《桃花源记》《归园田居》《五柳先生传》《饮酒诗》等作品分析。

3. 为什么会有陶渊明这样的人？

通过这样的研讨探究，可以引导学生解读文本背后的文学、文化因素。

在课堂教学中，学习文言知识，是进行语言的建构；分析篇章结构、手法技巧，是进行思维的培养；研究人物形象，把握作者情感，知人论世，是进行审美的培养；文以载道，由文悟道，是为了文化的传承。这些也正是语文核心素养之所在。

再以我校同课异构中，付冰老师的《石钟山记》教学设计为例。付冰老师上课起始就请同学看教材目录，研究一下编教材者把《石钟山记》放在第三单元与第四单元之间有何用意。这是极其难得的大单元意识，能帮助学生构建体系、提升思维。然后和学生一起明确，第三单元除本文外各篇目更重言情：忠孝之情、怀亲之情、爱民之情。第四单元更重言理：科学探究，求真求实。因此，本文是由情向理的过渡，起到承上启下的作用。探究编者的用意，把握整本书编排体系，更利于站在整本书的高度深入理解文本。

在教学过程中分小组梳理文章内容、思路。

第一组第一段：

核心问题：作为游记，本文开头段交代了什么内容？是否运用了常规游记的写法？

第二组第二段：

核心问题：内容为因疑而动，夜探石钟山。作者是如何得到石钟山命名真相的？其间经历了什么？给你什么启示？

第三组第三段：

核心问题：本段因疑悟理。什么理？你认为苏轼的关于石钟山得名的结论对吗？

　　每个小组都带着核心问题去研究，既有的放矢，不枝不蔓，又个性自主，可谓收放得法。

　　最后得出结论：

　　苏轼的结论也有片面性，因为考察时间限制，没能进入洞中，因此不能全面分析。但我们看这一个问题，经历1300年的不断追问探究，不但不会对苏轼的结论失望，反而还有信心：

　　在科学探究的路上，中国人的探索脚步从未停止，就像第四单元《天文学上的旷世之争》，只要探索不停，总会找到真相，拨开云雾见真理，推动人类文明不断进步。

　　这就是中国人的文化自信，我辈更需传承。

　　将学文与育人高度统一。如果以教材文本为依托，做到篇篇如此，课课落实，时时强化，这样学生语文素养就会在潜移默化中得到培养和提升。

　　其次是抓单元，求贯通。

　　研读新教材，会发现教材的编排者打破了以文体为单元的原有编排思路，将不同时代、不同国别、不同文体的作品编排在一起，将语文的核心能力——阅读和表达紧密勾连，将比较鉴赏、群文阅读落实到每一个单元，而且在单元篇目的安排上体现匠心和逻辑。要想提高语文教学的有效性，单元的整体性、篇章之间的逻辑性不容忽视。

　　以新教材的必修上册第六单元为例。本单元的核心是引导学生探究"学习之道"，选择了六篇文章，分为四组。分别是《劝学》《师说》；《反对党八股》；《拿来主义》；《读书：目的和前提》《上图书馆》。这几篇文章形成了一个严谨的整体，每一篇文章都有各自的特点，篇章之间有着较强的逻辑性，整体上围绕着"道"——学习方法。设计中把《劝学》放到单元的第一篇，是别有匠心的。它要起到的是总起的作用，引导学生明确为什么要学习，之后自然引发了对学习方法的探究。我们可以引导学生研讨，除了《劝学》中教我们的"道"——积累、坚持、专注，我们还能有什么方法呢？按照这样的任务指令，学生就会自然地把其余的篇章打通，使之结合成一个整体：

我们还可以跟随老师学。（《师说》）

要反对假大空，无的放矢，形式主义。（《反对党八股》）

要主动地学，要取其精华去其糟粕地学。（《拿来主义》）

要注重个体体验，与时俱进地学。（《读书：目的和前提》《上图书馆》）

如果能够这样清晰地把握单元整体，其实就让学生对逻辑有了初步的认知。然后再引导学生对文本进行深入的解读，体会每一篇的精髓，比如前四篇的思辨色彩浓厚，后两篇注重个人体验。最后可以再回到整体——对各篇章进行比较和赏析，可以"求同"，也可以"存异"。

这一单元是学生高中阶段遇到的第一个思辨性任务群。培养学生的思辨性是一个重要却有难度的任务，思辨能力的提高对学生表达能力的提升有着至关重要的作用。我们这样由单元到单篇，由单篇到群文的思路，其实就是在潜移默化中培养学生思维的严谨性、开放性，进而提升其语文素养。

最后是抓全书，构体系。

叶圣陶老先生曾经指出："读整本的书，不仅可以练习精读、速读，有利于养成好的读书习惯，还可以进行各种文学知识与文体阅读的训练，学生阅读的心理会更加专一，阅读效果也会更好。它可以收'一石多鸟'之效。"大家不应该忽视，语文教材也是"整本"的书。

以新教材必修上册为例，全书人文主题和任务群双线并行，丰富有序。单元的人文主题之间也可以探索出逐层推进的深意。"青年最富有朝气、最富有梦想"，"中华民族伟大复兴终将在广大青年的接力奋斗中变为现实"。青年是"追梦者"，是"圆梦人"。那么青春是什么？什么样的青春才更有价值？这必然是青年们迫不及待地要探求的问题。必修上册第一单元的人文主题就设定为引导青年学子探求青春价值。劳动是人生存的必须，体会劳动之美是青年成长的必须。"我们不是只靠吃米活着"，要有对生命的思考，领悟"生命的诗意"，这样才能是一个拥有健康体魄、有趣灵魂的新时代青年。第二、三单元的人文主题设置的意义就在于此。当然，一个完整的人，还要学会爱——爱家乡，爱研读，爱学习，爱自然。第四、五、六、七单元的人文主题就是带领青年逐渐走向丰盈和美好。

在落实人文主题的同时，必修上册也同时完成了"文学阅读与写作""实用性阅读与交流""当代文化参与""整本书阅读与研讨""思辨性阅读与表达"5个任务群的学习。

新教材当中"读书为本，重视课文的经典性和时代性，提升选文品质"的特点贯穿始终，在必修下册体现得尤为突出。在必修下册开篇即有明显的体现。必修下册第一单元的人文主题是"中华文明之光"，选取篇幅较长的诸子文和史传文，涵盖经、子、史三部。学习这样一个单元，要在这些文质兼美的作品中，引导学生感悟传统文化的博大精深，激发学生对传统文化的热爱。唯有热爱，方能继承和弘扬。通过单元学习，教师在教学过程中就将"文化传承与理解"这一核心素养落到了实处。

这一单元属于"思辨性阅读与表达"任务群，与必修上册第六单元"学习之道"既有衔接，又是拓深，又和必修下册第八单元相关联。第八单元同为文言文单元，同属于"思辨性阅读与表达"任务群，在人文主题上强调"责任与担当"。这三个单元，由引导学生领悟"学习之道"，到研读传统文化，感受中华文明之光，在前者基础上激发学生对自身该承担的责任的思考，发出属于自己的理性的声音，逐层深入，循序渐进。

必修下册教材，在深入落实各个任务群的同时，继续引导学生立足"良知与悲悯"，牢记"探索与创新"，落实"抱负与使命"，培养青年健全的人格，引导学生形成正确的人生观、世界观，在收获知识的同时，收获成长。

在语文教学中，以教材为抓手，由抓单篇到抓单元到整体把握全书，这样步步落实、逐步推进，自然有利于学生语文整体素养的提高。我们每天培养的能力，就是高考要考查的能力，语文教学自然也就变得"有效"。

语文教师在教学实际中以课标为指引，以教材为依托，也就能够做到"以文育人""以文化人"。这就是所谓的"本立"。

根本立住了，我们还需要探寻让语文教学更高效的"道"，也就是对教学模式的探索。

第二节　教学模式的探究

至今我仍然记得，我初登讲台的时候，我的师父，特级教师刘晓宁老师在指导我上课时，常常只说两句话："你这节课能够串联全课的主问题是什么？""你这节课不同于别人的亮点是什么？"当时年少懵懂，特别希望得到师父细致的、具体的指导，刘老师的提纲挈领式指导很让我苦恼、困惑，我不得要领，焦头烂额。但我性子比较要强，师父不肯细说，我就也不肯再问，闭门苦思，倒也颇有心得，设计出来的课由差强人意渐渐让师父甚为满意。

后来每每想到师父的两个问题，都觉得师父的话真是金玉良言，我受益良多。

于是我们语文组群策群力，探索出"主问题"式课堂教学模式。我们界定的"主问题"是每一篇文本中最核心的问题，也是阅读的突破口、切入点，想明白一节课的"主问题"是什么，才真正吃透了这节课的内容。在课堂上将"主问题"落实下去，才能避免课堂散漫无际，学生不得要领。"主问题"是骨骼，它决定了这节课能不能立得住，立起来是什么样，譬如我们看一个骨骼，大致就会知道它是猫，是狗，还是人。在此基础上，我师父的第二个问题的价值就体现出来了。课的亮点是装饰，是画龙点睛，是这只猫、狗或是这个人不同于其他之处。

在践行"主问题"模式的路上，我们全组都进行了探索。如何设定一篇文章的主问题呢？我们总结出两个方向：

一、贯穿全文本的线索

唐宋八大家之一的曾巩曾赞叹《六国论》"少或百字，多或千言，其指事析理，引物托喻，侈能尽之约，远能见之近，大能使之微，小能使之著。烦能不乱，肆能不流"。那么为何《六国论》能"烦而不乱，肆能不流"呢？是因为赂亡六国的观点贯穿全文，连接古今。所以，在教学设计中以此为主问题就能直指要害。

在教学过程中，我们从标题入手：

文章标题为《六国论》，翻译过来可以理解为"论六国"，那么文中重点论了六国的什么？

六国灭亡的原因——六国破灭，非兵不利，战不善，弊在赂秦。赂秦而力亏，破灭之道也。如果用一个字来概括六国亡国的原因，同学们认为是哪个字？（赂）面对这个"赂"字，大家会产生哪些疑问？

（预设问题）(1)六国都贿赂秦国了吗？(2)他们用什么方式贿赂的？(3)为什么想要贿赂？

再如在《仁义礼智，我固有之》的教学设计中，确定主问题为"固有"，抓住主问题，解读文本，就如同"以无厚入有间"，游刃有余了。

附教学设计如下：

教学目标：

1.知识目标：掌握重点文言实词、句式，落实重点句子翻译。

2.能力目标：(1)学会梳理、归纳知识。(2)通过合作交流析文明理，对孟子的"四端说"有较深入的理解。

3.情感态度和价值观：通过质疑争鸣、深入探究，弄清楚中华文化的核心价值观，由学习人，到求诸己，进而诉诸行。

重点：

1. 学会梳理、归纳知识。

2. 通过合作交流析文明理，对孟子的"四端说"有较深入的理解。

难点：

通过质疑争鸣、深入探究，弄清楚中华文化的核心价值观，由学习人，到求诸己，进而诉诸行。

教法学法：

导学案、比较法、故布疑阵法；自我梳理、分组合作、深入探究。

教学过程：

一、导入

孔子说"十室之邑，必有忠信如丘者焉"，看来孔圣人笃定地相信"人之初，性本善"，那么继承孔子衣钵，被尊为"亚圣"的孟子对人性又是怎样认知的呢？今天，我们共同来学习《仁义礼智，我固有之》。

二、确定本课学习的主问题

分析文章，我们惯常都是从"头"开始，理解标题，你觉得在文题中，作者突出强调的是哪个词？

确定主问题——"固有"。

三、自主、合作、探究学习

怎见得仁、义、礼、智是我们与生俱来的呢？通过预习，你觉得文中哪些部分回答了我们刚才产生的问题？（围绕主问题展开了解。）

（预设）第1、2、3、6则

处理方法：言和文一起梳理，理清知识点的同时理解文意。

1. 如果如孟子所说，那么人人皆为君子，天下垂拱而治，你认同他所说的"我固有之"吗？

（小组活动，交流合作。）（学生学习，由浅入深，由知识过渡到能力。）

（预设）认同：灾难面前同舟共济，众志成城，面对乞丐——恻隐之心；齐人有一妻一妾——羞恶之心；泰坦尼克号沉船时——辞让之心；日攘一鸡——是非之心……

（预设）不认同：南京大屠杀，奥斯维辛集中营——恻隐之心？韩沉船时船长船员弃船而逃，谷俊山身居高位全不顾礼义廉耻——羞恶之心？抢座老人猛扇女子耳光，坐在穿短裙的妙龄少女腿上——辞让之心？日本罔顾事实，不停拜鬼——是非之心？毒奶粉，污染水，地沟油，扶不扶……

大家辩论得激烈，是孟子错了还是我们没有真正理解孟子？俗语说，解铃还须系铃人，孟子在文中是否给了我们答案呢？（自主学习，深入思考。）

我们没有真正理解孟子，孟子强调仁、义、礼、智，人本来就有，可光有还不够，要充实它，把它发扬光大才行。（第1则后面部分和第5则。）

话虽如此，做到太难了吧？（故布疑阵法。）

不难——第4则

深入探究（找志同道合的合作者。）

2. 经同学们提示，我发现了孟子的与众不同之处，人都愿意把平常的东西包装得高大上一些，孟子却偏偏爱化神奇为平常。能做到仁、义、礼、智该是多么了不起，孟子为什么非要强调"我固有之"？

3. 春秋战国学术上最大的亮点是百家争鸣，大家棋逢对手，针锋相对，互相批驳，乐在其中，孟子强调的"仁义礼智，我固有之"，和儒家地位相近、学识相若的墨家、道家、法家小伙伴们认同吗？

（预设）墨家：今有一人，入人园圃——羞恶之心

（预设）道家：涸辙之鲋——恻隐之心

（预设）法家：智子疑邻——是非之心

……

看来诸子百家争的是学术，在道德上一直保持着惊人的一致！在哲人们看来，没有良知的快乐、没有羞恶的富贵、没有礼让的获得、没有是非的智慧，都应该被所有人摒弃！

最后三分钟，请同学们完成导学案上最后一项：归纳你知识上的收获。

写下一课一得。

四、结语

一位诗人说，"当灵魂失去庙宇，雨水就会滴在心上"。在物质匮乏的时代，精神的力量可以为生命的苦涩增添一缕芬芳；在物质丰盈的今天，精神的星光会照耀我们不要迷失人生的方向！请我们笃定地相信，"仁义礼智，我固有之"！我必传承之！光大之！

二、对文本的精当评价

这个思路是一个文学鉴赏的思路。文学作品，尤其是优秀的文学作品，和对它的鉴赏评价二者其实是金风玉露，相得益彰的，比如《水浒传》和金圣叹的点评、《红楼梦》和脂砚斋的批注。经典的点评批注里，无论是全面解读还是只论及一点，都有对作品最透彻的了解。所以从精当的鉴赏评价出发，也可以巧妙地抓住"主问题"。比如，我在设计《梦游天姥吟留别》一课时，就是以杜甫对李白诗歌的评价"白也诗无

敌，飘然思不群"为主问题。我认为杜甫的这一评价精准地概括出了本诗的特点，还可以落实本单元教学的重点。抓住"思不群"，自然就引出了下面一系列研读探究活动，还能借此激励学生，在鉴赏诗歌时也掀起"思不群"自主活动——各抒己见，张扬个性。授课过程中，如我所料，师生共同动情于"思不群"的那一刻，"洞天石扉，訇然中开"！

在课堂教学中，我通过"诗圣"杜甫对李白诗歌成就和风格的评价引入本课学习任务——探究本诗的"不群"之处，带领学生赏析诗歌内容，完成学习任务。

（一）通过诵读品味，抓住意象、品味意境、琢磨语言、知人论世，完成第一个学习任务，探究作者思想情感的"不群"之处。引导学生体味李白笑对人生、傲岸不屈的风骨，从而能够认识到人生多舛，人有常情，最难得的是古往今来的伟大人物超越常情，这才达到了令我们仰望的高度，让我们明白了人生自是有诗意，再艰难的路，"何妨吟啸且徐行"。

（二）通过解读标题中的"吟"字，明确文体特点。再通过比较鉴赏，完成第二个学习任务，探究作者在本诗诗体的选择上有何不群之处。

（三）通过回顾诗圣杜甫的"白也诗无敌，飘然思不群"的评价，组织学生分组讨论杜甫的评价好在哪里，并且借此提炼出评价诗文的短评应该具备哪些特点。完成本课的第三个学习任务。

我们用了十多年的时间打磨"主问题"教学模式，该模式是我们经过漫长的课堂教学实践证明的一套行之有效的课堂教学模式，它让我们在备课过程中可以抓住要害，有的放矢，让课堂教学过程一以贯之，不枝不蔓，提升语文教学的有效性。但我们并没有停下研究的脚步，我们努力做到与时俱进，研究不止。新高考模式、新课程体系、新教材体系，让我们在求新求进的路上继续钻研。

语文新课程、新教材的特点是双线结构——人文主题和学习任务群并行。比如必修上册第一单元，编者精选古体诗、近体诗、小说当中体现青春价值的经典作品，将其组合在一起，既切合人文主题，又能落实文学类文本阅读任务群的学习任务。

新教材编排的亮点是打破文体限制，用人文主题统率单元，将符合单元主题的不同文体的篇章组合在一起，将阅读和表达深度融合。那么我们探索的高效课堂模式必然要体现新教材的这一特点。基于此，我们语文组将高效课堂模式拟定为"阅读与表达双线并行"的课堂教学模式，力求形神兼顾，实现高效课堂。

阅读和表达能力是语文学科的核心能力，也是高考考查的关键能力。语文试卷就是考查学生能把经典文本读到什么程度，能不能读懂、读透、读深，自己能不能把阅读所得按照试题要求精准地表达出来。

我们知道，阅读能力包括：认读能力、理解能力、鉴赏能力、评价能力、活用能力、阅读技巧。

1. 认读能力。认读能力是阅读能力的基础，一般包括对文字符号的感知与辨识能力、识字量和认读速度。它是以一定的识字量为基础的。

2. 理解能力。阅读理解能力是阅读能力的一个重要指标，包括对文中重要词语的理解、文中重要内容的功能的理解、文章结构和表现形式的理解、作者观点和思想的理解。

3. 鉴赏能力。鉴赏能力是对文学的欣赏和评价能力。朱自清认为这是一种"情感的操练"。

4. 评价能力。评价能力是指对阅读材料的思想内容、表现形式、风格特征等做出评判的能力。

5. 活用能力。活用能力是指阅读的迁移能力，是把在阅读中学到的知识加以运用的能力。

6. 阅读技巧。阅读技巧包括朗读技能、默读技能、速读技能、良好的阅读习惯等。

以必修上册第三单元为例。第三单元人文主题是"生命的诗意"，选择了九首诗歌，有古体诗，有律诗，有词。古体诗又有行、吟等不同体裁。在教学中既要立足阅读：生逢乱世，曹操的求贤如渴建功立业是进，陶渊明归隐田园诗酒人生是退，进退有节，都体现了生命的诗意。人生艰难，李白傲岸不屈寄情山水，白居易天涯沦落泪湿青衫，杜甫客居异地忧时忧国，他们将生命中的失意，变成了诗意。苏轼辛弃疾追慕英雄怀古伤今，李清照移情于物愁肠百转，悲伤愤激都是诗意。要带领学生读懂这些作品中蕴含着的温度和高度，体会生命的诗意。同时又要引导学生明白，或是求贤若渴的慷慨悲歌，或是抽身而退得善其身的恣意洒脱，魏晋风骨寄予灵动的古体中自然就得其真意，李白的傲岸不屈洒脱恣意用"吟"，杜甫的沉郁顿挫用律诗承载，白居易深沉朴质的诉说用"行"，各种表达方式，都可谓形神合一，相得益彰。

模式没有新旧之分，有利于促进课堂高效的模式就是有效的。如何与时俱进，存故求新，将两种课堂模式融会贯通，是我们需要保持探求思考的一个课题。在设计《梦游天姥吟留别》这一课时，我进行了一些尝试。

《梦游天姥吟留别》所在单元的人文主题为"生命的诗意"。单元导读中要求落实诗歌鉴赏的方法，体会诗人们关于生命诗意的思考，这关乎阅读能力；引导学生体会不同诗体对诗歌表情达意的作用，带领学生尝试写诗歌短评，这是对学生表达上的要求。我将"主问题"设定为探究李白"思不群"之处，在教学过程中，我以"自主赏析"为主要教学方式，课堂的主要活动，就是围绕"思不群"展开的一系列自主赏析，无论从什么角度赏析，无论引入什么资料，都不离文本的主要内容。一切努力，都旨在促使学生和文本对话，进行多元的对话、有深度的对话。在对话过程中让学生形神并重，既关注作者情感，体会"生命的诗意"人文主题，也关注诗歌体裁，让学生明白诗体作为情感承载方式也一样重要，在教学实践中力证了"主问题"教学模式和"阅读表达双线并行"的课堂教学模式的有效性。

至此，我们形成了"一核双线"的高效课堂教学模式——以"主问题"为核心，两条线索（阅读和表达）并重。

第二章　精雕细备

第一节　教师的"技"

三十多年前，我敬爱的语文老师是一个身轻如燕的老头儿，当时他斩钉截铁地对我说："你得报中文系，将来当作家！"在小镇中生活的老头儿和黄毛丫头，天经地义得很傻很天真。

我如约在所有志愿的第一项都郑重地写上了中文系，后来也如了愿。我的语文老师和我都没想到，固然有许多作家读的是中文系，但却不是读了中文系就可以当作家。其实毕业的时候，并不是没有机会从事离"作家"更近一些的工作，比如记者、编辑，可长大了的我还是走上了讲台。我常常想，我有没有后悔这样的选择，结论是没有。无论是一帆风顺，还是坎坷挫折，不管人生中遇到了多少不确定，我都确定我喜欢做一个语文老师。

我喜欢上语文课。我觉得那真是一件有趣的事。现在想来，当年吸引我的趣味，其实都是一些"技"，而且是"小技"。初登讲台的时候，我却专注于此。仅仅拿一节课的开头来说，就有很多种方法，各有各的趣味。"人之初，如玉璞。"我觉得，以此形容课之初，也甚得其妙。

方法一：设置悬念，激发兴趣。

"不愤不启，不悱不发"，导入时设置悬念，能唤起学生的注意力，拓展学生思维跨度，使学生处在"心求通口欲言"的"愤""悱"之中。这样学生的思维从一开始便处于一种跃跃欲试的理想状态。如在教《孔雀东南飞》时，直接找到描写刘兰芝美貌的一段："鸡鸣外欲曙，新妇起严妆。著我绣夹裙，事事四五通。足下蹑丝履，头上玳瑁光。腰若流纨素，耳著明月珰。指如削葱根，口如含朱丹。纤纤作细步，精妙世无双。"之后问："女主人公聪明美丽，勤劳贤慧，那么她究竟因何而被休弃的呢？"学生的好奇心被激起，并结合《礼记》中的古文化知识"女子七弃"及有关事例，学生展开讨论，从而引起对本文积极而深入的学习兴趣。

方法二：巧用对联，引入新课。

对联是我国的传统文化之一。如教学《记念刘和珍君》，用对联："死了倒也罢了，若不想到二位有老母依闾，亲朋盼信。活着又怎么着，无非多经几番的枪声惊耳，弹雨淋头。"学生读了对联，会兴趣倍增。

方法三：点面结合，延伸拓展。

学生学习知识是由点到面的积累，由特殊到一般的转变。如在学习《念奴娇·赤壁怀古》时这样导入："古人每登临必有感，孔子登泰山而小天下，范仲淹临洞庭心忧苍生，欧阳修游滁州而醉情山水，他们登山则情满于山，观海则意溢于海，留下许多千古绝唱。宋代文豪苏东坡来到历经沧桑的赤壁古战场，同样情难自已，一曲《念奴娇》，成了千古绝唱。"

方法四：交代背景，启迪思维。

"形象大于思想"，是文学作品的特征，这就决定了我们不能以现成的答案来规范作品的解读，所以在导入时，恰到好处地为学生提供一些文本中没有传达出来的信息，例如文章作者的身世背景等，能帮助学生更深层次地理解文章的内容和主题。而向学生提供背景等材料，决不是让学生"带着脚镣跳舞"，而是启迪学生的思维，为学生提供一种解读文章的方式。

方法五：营造氛围，带入情境。

如在教授《再别康桥》时，制作精美的画面，配上相应的音乐，渲染出一种唯美的意境，学生诵读、学习的渴望自然被激发出来了。让学生在最短时间内进入角色，将学生的思维引入恰当的轨道，能极大地提高课堂教学效率。

在新课导语设计上，除上述示例外，还有审题导入、图示导入、提示问题导入、提炼观点导入、针对语病导入、点出人物导入等方法。总之，作为课堂的第一环节，导入方法可以是多姿多彩的，以上种种方法也不是我的独创。

现在想来，之前设计导入环节，我注重的其实是语言美不美、奇不奇，学生听了是不是会赞叹。所谓的创设情境，可能是我的"表演"的情境，不一定是学生学习的情境。但现在我仍然认为导入这一环节是重要的，好的导入能一下子调动起学生的积极性和主动性，加强师生间的双边活动，老师也通过这种"琢磨"，获得精工巧匠的快感。只不过大道至简，不要炫技，要真正地切入要点，将学生带入情境。

比较和设疑也曾是我比较迷恋的技巧。开始的时候只是学得皮毛，把它作为调动学生、让课堂"好看"的一种技巧。比如在《长亭送别》教学中我就将"比较"进行到底，先是进行文本和范仲淹原词的比较，再进行不同曲子语言风格的比较。为了更好地鉴赏人物，还将曲词改写之后与原文比较。①

我也喜欢"设疑"，以我的"不知"来促成学生的"求知"。2008年我参加大连市优质课大赛，执教《边城》获得一等奖第一名，其中我设置了探究作品的艺术价值和真实性两个方面的话题，激发了学生的深入讨论。②

我很重视课堂的点拨与评价，也总结了自己的心得。"高效课堂"是现在课堂教学中出现频率非常高的一个词。专家们津津乐道、旁征博引，一线教师们八仙过海、各显所能。各种模式、各种范例，真是乱花渐欲迷人眼。其中学生的主体作用是否得到有效落实是衡量课堂是否高效的重要标准，于是课堂成了学生的展示台。多少人发言，每人发言几次，诸如此类的数据甚至成了考量课堂是否高效的唯一指标。

究竟什么是真正的高效课堂？我理解得比较简单，无非是学生学有所乐、学有所获。而这样的课堂实现与否我觉得首先是看教师居于什么样的地位。老师不主导，课堂难高效。当然，我说的是主导，不是主讲。这种"导"正是基于对学生主体地位的充分认知、认可的一种相机而导、因势利导，也就是恰到好处恰如其分的点拨与评价。无点拨，难高效。

成功的课堂教学，自然少不了随机应变，少不了恰到好处的点拨与评价。而恰到好处的点拨与评价是离不开老师对教学的热爱、对课堂的驾控、对学生的尊重的。这和我们的新课改的教学理念是完全相合的，这样的课堂才是有质量的高效课堂。

---

① 详见附录《长亭送别》教学案例。
② 详见附录《边城》教学案例。

课前需预设，预设是"厚积"，课堂看生成，生成是"薄发"。课堂教学永远不是"有备"就能"无患"。真正的有效教学、高效课堂是"活"的，是教师与学生"金风玉露一相逢"的碰撞，它考验着教师的专业素养，体现着教师的教学机智，是衡量一个教师是否成熟优秀的指标。

所以，我把恰当的点拨与评价理解为"抓住课堂时机，有智慧地引领学生学习"。点拨与评价就是课堂教学机智的最直接体现，是高效课堂实现与否的最关键环节。

《论语·述而》中说："不愤不启，不悱不发。举一隅不以三隅反，则不复也。"宋代理学家朱熹这样解释："愤者，心求通而未得之意；悱者，口欲言而未能之貌。启，谓开其意；发，谓达其辞。"要点拨，需评价，但要把握时机，这样才事半功倍。很多课堂上，老师说得太多，这已经不合适了，更要命的是多而不当，唠唠叨叨，让人忍无可忍。

什么时候需要点拨？首先是教师要确定学生已经对你的问题感兴趣了。这其实有两层意思：第一，你的问题需要是有质量的，太过简单的问题不值得感兴趣；第二，你的问题不是特别绕、特别艰深晦涩，那样的问题学生们一见或者一听就泄气了，他们也不会感兴趣。感兴趣之后学生们已经开始思考甚至彼此探讨，这个时候还不能点拨。大部分老师这个时候就耐不下心来，因为他们觉得时间宝贵，或者怕学生们说错。可是这个时候一点拨，学生们就会失望，他们会觉得泄气，甚至会生气，他们会觉得他们的劳动成果被老师轻易给毁掉了，以后他们甚至会慢慢放弃自己思考探索的习惯，然后习惯等老师指导或者干脆等老师给答案。你要确保学生们是在正确的方向上思考着争论着，但还不能直指要害，不能一语中的。这个时候，你就可以开始你的点拨了，这样的结果才是豁然开朗的，学生们才会切实感到他们的活动是有价值的，但他们离不开老师的点拨，他们获得答案的同时也产生了对自我的满足、自豪和对老师的信赖、敬佩。这样的点拨是含金量极高的。

关于评价，首先需要及时。老师对学生的活动要及时评价，教师的评价除了对当事人是一种帮助外，对其他学生也是一种指导，拖延就没有意义了。然后，评价必须具体，泛泛的评价是没有意义的。很多课堂上老师经常评价学生的发言"太棒了""真精彩"，这样的肯定没有价值，必须要简明扼要地说出棒在哪里，精彩在何处，泛泛的鼓励和泛泛的批评都起不到应有的作用。成功的教学案例告诉我们，老师的评价绝不应该仅仅是简单的赞美。在学习《边城》，分析翠翠这一人物形象时，有同学认为翠翠没有礼貌。她找到的根据是文中翠翠说的"你个悖时砍脑壳的！"。我点评说："这位同学言必有据是极好的，但我们鉴赏分析不但要重视一个句子，还要有全局意识，文本是联系的，你不妨再耐心上下求索。"我先是表扬了她知道"言必有据"，能够注意从文本出发，然后告诉她，我们还不能断章取义，这样就引导她发现错误，并指导她怎样走上正确的路。然后她果然联系上下文，发现翠翠说这句话是因为她误会了二老轻薄她，这样的"骂人"恰恰体现了翠翠的自尊自爱。

我们点评时，并不能一味叫好。当学生思维有偏差，要在肯定学生敢想敢说的同时，大胆巧妙地说"不"，同时纠误纠偏，拨正航向，从而引导学生会想、会说。那种学生说什么都是"好"，答什么都是"对"，动不动就鼓掌喝彩的做法不仅不能给学生积极的鼓励，持续下去，反而会给学生带来更多消极负面的影响。

点拨与评价的方法不需要迷信权威，它永远都是仁者见仁智者见智的。在课堂教学的实践中，我总结了相对成熟的一点儿经验。

首先是发散点拨。所谓发散点拨，就是对某一问题，从不同角度、不同侧面去观察、思考、想象，寻找解决问题的多种方法、方案。比如，一次国家级的公开课，讲《西游记》导读课，我把它命名为《小话西游》。精心设计教案后进行试讲，本来设计的问题是直接切入——"今天的小话西游，我们从妖精入手。"可下面马上有同学说想从孙悟空入手，这下热闹了，学生吵吵嚷嚷，答唐僧师徒的有之，答神仙的有之。我灵机一动，既然是研究课，就放开让他们自己确定研究对象，于是我将问题调整为"刚才是我的想法，因为研究工作要我们师生共同完成，所以下面咱们共同来确定一下研究对象，今天的'小话西游'你最想从谁入手？请大家说出比较充分的理由。"结果，不但学生们激烈的辩论成了当堂的亮点，而且随着辩论结果的逐渐明确，整个课堂思路也清晰起来。

其次是辅助性点拨。"世之奇伟、瑰怪、非常之观，常在于险远"，有了"志""力"，还要有外物以"相之"。这种点拨方法就是当学生的思维活动由于智力水平或努力程度不够等原因，在解决难度较大的问题显得力不从心时，助他一臂之力。在讲授《梦游天姥吟留别》时，为了深入理解李白，我设置了这样一个问题：以霓为衣，驱风为马。青鸾回车，猛虎鼓瑟。这真是此景只能天上有，凡人谁得竟相见。那么诗人为什么要浓墨重彩地写一次仙人聚会？因为师生不熟悉，又是刚刚结束高一，没接触过选修的学生，所以我先是通过点拨，让他们知道解决这个问题需要运用知人论世这一诗歌鉴赏理论，然后顺势出示幻灯片，交代相关背景，最终出色地解决了该问题。

所谓"点拨"，我认为"点"，是切中要害，点到为止；"拨"是拨云见日，搅动一池春水。前面说过点拨要找准时机，那么找准时机之后最重要的就是"求中要害，点到为止"了。点拨的语言不能拉拉杂杂，要言简意赅，绕来绕去不但学生会不知所云，教师自己也会"迷路"。

切中要害是对的，但是还要注意不能说透。"君子引而不发"，点拨不是给答案，是通过老师的"拨开云雾"，让学生们自己去"拥抱太阳"，要把成果给学生们，让学生们做胜利者，老师分享他们的喜悦。

点拨与评价一定是相机而动、随机应变的，它绝不是备课备来的。原本我追求的教学设计也是"滴水不漏"式，可是公开课的成功却来自于教学课堂中的因势利导、灵活点拨。

我的公开课受学生和同行的伙伴们喜爱的一个重要原因是他们喜欢我在课堂上随机应变，灵活机智。关于课堂机智，我也总结了心得，并写成论文《课堂教学中教学机智的有效运用》。

现在回望，当年对"技"切磋琢磨带来的乐趣其实是自己一直向前的动力。当时年少，离"大道"甚远，专注于"技"，反而让自己扎扎实实快快乐乐地走了下来。若没有这些"技"上的专注，教学可能会过于枯燥和严肃。过分炫技固然是偏离了教学之"大道"，但单凭按部就班、平铺直叙的教学方式，或许也很难让学生们喜欢上学习语文。

第二节　学生的"动"

学生是课堂的主体，这一点我一直在坚决地落实。我们的课程改革也在不断想办法让学生的主体性能够得以显现。这当然不能只靠各种量化指标。当课堂的评价集中在学生举了多少次手，多少学生回答了问题，学生讨论的时间有多长、声音有多大等具象的指标时，学生的"动"其实很被动。甚至要计算一节课老师说了多少句话，占师生发言的多少比例，以此来衡量学生"动"得充不充分，进而判断课成不成功，这时候，就偏离本心了。

怎样让学生有效地"动"？

我觉得当年流行一时的"导学案"还是很有用的，它可以让学生有备而"动"，并且因为具有鲜明的导向性，也会很高效。当然，导学案不是简单的预先案，不能"铺天盖地"，要"短小精悍"。

这是我为大连市教师做示范课，执教《小话西游》一课的导学案：

教学思想：

通过研读《西游记》中的妖精，以小见大，探究作者蕴含其中的深刻思想以及背后折射出的传统文化，引导学生通过非主流的神魔小说，看出中国传统文化对人的深远影响，激发学生热爱国学、研读经典的兴趣。让经典文化进一步涵养心灵、滋养人生。

教学目标：

1.了解作者于谈神说鬼中所寄托的幽思，体味其反映出的我国传统文化思想。

2.激发学生研读经典的兴趣，引导学生关注传统文化。

重点、难点：

了解作者于谈神说鬼中所寄托的幽思，体味其反映出的我国传统文化思想。

教法学法：

导学法、归纳法、讨论法

教学过程：

一、妖精档案

搜集相关资料，尽量多地了解妖精们，知道他们的出身来历，尤其是书中的"名妖精"们。例如《谈神说鬼寄幽怀》中的红孩儿，还有白骨精、黄风怪、金角大王、银角大王，等等。

1. 老者道："你们到水边，可曾见些甚么？"行者道："止见一面石碑，上书'通天河'三字，下书'径过八百里，亘古少人行'十字，再无别物。"老者道："再往上崖走走，好的离那碑记只有里许，有一座灵感大王庙，你不曾见？"行者道："未见。请公公说说，何为灵感？"那两个老者一齐垂泪道："老爷呵！那大王：感应一方兴庙宇，威灵千里祐黎民。年年庄上施甘露，岁岁村中落庆云。"

行者道："施甘雨，落庆云，也是好意思，你却这等伤情烦恼，何也？"那老者跌脚捶胸，哏了一声道："老爷呵！虽则恩多还有怨，总然慈惠却伤人。只因要吃童男女，不是昭彰正直神。"

菩萨即解下一根束袄的丝绦，将篮儿拴定，提着丝绦，半踏云彩，抛在河中，往上溜头扯着，口念颂子道："死的去，活的住！死的去，活的住！"念了七遍，提起篮儿，但见那篮里亮灼灼一尾金鱼，还斩眼动鳞。菩萨叫："悟空，快下水救你师父耶。"行者道："未曾拿住妖邪，如何救得师父？"菩萨道："这篮儿里不是？"八戒与沙僧拜问道："这鱼儿怎生有那等手段？"菩萨道："他本是我莲花池里养大的金鱼。每日浮头听经，修成手段。那一柄九瓣铜锤，乃是一枝未开的菡萏，被他运炼成兵。不知是那一日，海潮泛涨，走到此间。我今早扶栏看花，却不见这厮出拜。掐指巡纹，算着他在此成精，害你师父，故此未及梳妆，运神功，织个竹篮儿擒他。"

2. 这大圣纵祥光，起在九霄，正欲下个切手，只见那东北上，一朵彩云里面，厉声叫道："孙悟空，且休下手！"行者回头看处，原来文殊菩萨。急收棒，上前施礼道："菩萨，那里去？"文殊道："我来替你收这个妖怪的。"行者谢道："累烦了。"

那菩萨袖中取出照妖镜，照住了那怪的原身。行者才招呼八戒、沙僧齐来见了菩萨。却将镜子里看处，那魔王生得好不凶恶：眼似琉璃盏，头若炼砂缸。浑身三伏靛，四爪九秋霜。搭拉两个耳，一尾扫帚长。青毛生锐气，红眼放金光。锯牙排玉板，圆须挺硬枪。镜里观真像，原是文殊座下一个狮猁王。

行者道："菩萨，这是你坐下的一个青毛狮子，却怎么走将来成精，你就不收服他？"菩萨道："悟空，他不曾走，他是佛旨差来的……你不知道。当初这乌鸡国王，好善斋僧，佛差我来度他归西，早证金身罗汉。因是不可原身相见，变做一种凡僧，问他化些斋供。被吾几句言语相难，他不识我是个好人，把我一条绳捆了，送在那御水河中，浸了我三天三夜。多亏六甲金身救我归西，奏与如来，如来将此怪令到此处推他下井，浸他三年，以报吾三日水灾之恨。'一饮一啄，莫非前定'。今得汝等来此，成了功绩。"

行者道："既如此，收了去罢。若不是菩萨亲来，决不饶他性命。"那菩萨却念个咒，喝道："畜生，还不皈正，更待何时！"那魔王才现了原身。菩萨放莲花罩定妖魔，坐在背上，踏祥光辞了行者。咦！径转五台山上去，宝莲座下听谈经。

3. 老君道："是这业畜偷了我金钢琢去了！"行者道："原来是这件宝贝！当时打着老孙的是他！如今在下界张狂，不知套了我等多少物件……似你这老官，纵放怪物，抢夺伤人，该当何罪？"

老君道："我那金钢琢，乃是我过函关化胡之器，自幼炼成之宝。凭你甚么兵器、水火，俱莫能近他。若偷去我的芭蕉扇儿，连我也不能奈他何矣。"

老君念个咒语，将扇子搧了一下；那怪将圈子丢来，被老君一把接住；又一扇，那怪物力软筋麻，现了本相，原来是一只青牛。老君将金钢琢吹口仙气，穿了那怪的鼻子，解下勒袍带，系于琢上，牵在手中。——至今留下个拴牛鼻的拘儿，又名"宾郎"，职此之谓。老君辞了众神，跨上青牛背上，驾彩云，径归兜率院；缚妖怪，高升离恨天。

4. 菩萨道："这妖精十分利害。他那三股叉是生成的两只钳脚。扎人痛者，是尾上一个钩子，唤做'倒马毒'。本身是个蝎子精。他前者在雷音寺听佛谈经，如来见了，不合用手推他一把，他就转过钩子，把如来左手中拇指上扎了一下。如来也疼难禁，即着金刚拿他。他却在这里。若要救得唐僧，除是别告一位方好。我也是近他不得。"

只见那星官立于山坡上，现出本相，原来是一只双冠子大公鸡，昂起头来，约有六七尺高，对着妖精叫一声，那怪即时就现了本像，是个琵琶来大小的蝎子精。星官再叫一声，那怪浑身酥软，死在坡前。

八戒上前，一只脚踏住那怪的胸道："业畜！今番使不得倒马毒了！"那怪动也不动，被呆子一顿钉钯，捣作一团烂酱。

……

二、吴承恩生平经历及所处时代背景

1. 生平经历：吴承恩出生于一个由下级官吏沦落为小商人的家庭，祖上出过两代以儒为业的学官。吴承恩自幼聪慧，喜读稗官野史、志怪小说，"髫龄，即以文鸣于淮"，受到人们的赏识，认为他科举及第"如拾一芥"，与朋友结伴去南京应乡试。然而才华不如他的同伴考取了，他这位誉满乡里的才子竟名落孙山。在以后三年，他专心致志地在时文上下了一番苦功，在嘉靖十三年秋的考试中却仍然没有考中，大约40

岁才补得一个岁贡生，到北京等待分配官职，仍没有被选上。由于母老家贫，去做了浙江长兴县丞，因受诬告，两年后"拂袖而归"。

2.社会背景：明代中后期政治极度腐败，皇帝昏庸，奸臣当道，太监专权，贪官污吏横行，苛捐杂税多如牛毛。科举制度越来越僵化，走向了形式化的泥淖。

三、查找资料，了解中国传统文化思想

……

这篇导学案起到了很好的"导学"作用，引导学生深入了解研究对象，学会知人论世，完成查找资料，了解中国传统文化这一任务，为课堂深入探究打下了基础。因为先"导"，所以学有所依，提升了课堂效率。

怎样让学生"有效"进而"高效"地"动"起来？我觉得真正的小组合作，能够以生为本，提高课堂效率。之所以说"真正"的小组合作，是因为存在"虚假"的小组合作。有时课堂因为"小组合作"而"动"起来了，热热闹闹甚至轰轰烈烈，各小组训练有素充满激情，表现欲望强烈，表演痕迹浓重。许多教师竞相效仿这种小组合作模式，认为没有小组合作的课堂就不是合格的课堂，小组合作不热闹的课堂就不是好课堂。这样的虚假合作，必然造成课堂的虚假繁荣。

那么如何才能实现真正的小组合作？

首先，小组不应该是临时组成的"乌合之众"，应该是志同道合者的小集体。每一个小组的组建都不能过于随意，应该在合理指导下进行，有人引领，组员互补。

然后，教师要明白学生小组合作的目的，不在于上公开课时精彩地表演，而是为了真正"一起向未来"。

最后，课上需要小组合作研究的问题应该是"真"问题，同时也应该是确实需要共同研究才能更好解决的问题。

2014年，我在全国教学比赛中讲授《六国论》的时候，我让学生小组合作探讨：

习文至此，我对六国是哀其不争，对受赂无义的秦国却已愤其无耻，灭赵平燕可以理解，受人土地反过来还亡其国是不是太过分了？作为堂堂大国，为什么不顾礼义呢？

学生分小组讨论，派代表发言。

为什么这么处理呢？是因为这段历史既为人熟知，也比较复杂，学习小组成员之间可以交流沟通，达成共识，每个学习小组之间还能互相借鉴，共同学习。

在参加辽宁省优质课大赛，执教《都江堰》时，我对既是难点也是重点的语句设置了小组合作探究环节，让学生突破这些文字障碍，更好地理解人物，体会其精神。学生在小组合作的过程中产生思维的碰撞，进而得到能力的提升。[①]

第三节　融合

一、课程设计和学生的融合

我喜欢备课，我觉得备课是和写文章的人、编文章的人对话，穿过岁月，跨越山水。有的人性情憨直，恨不得把他的心剖给你；有的人躲

---

① 详见附录《都江堰》教学案例。

闪，不愿意将心意轻易让人窥知。对话的过程是探求，甚至是探险，煞是有趣。

　　一个人的成功要有天时地利人和，一堂课的成功需要"有备而上"。首先当然是备教材。教材是教学的依托，我们要给予它足够的重视。无论多么资深的教师，在教材面前都要做一个规规矩矩的学生。我的经验是读教材文本的时候，要读懂，要能够准确地解读它本有之意。然后还要结合教参，查找资料，读出文中深意，还要再努力读出新意。这个时候才能开始设计如何讲它。比如我当年参赛，抽签抽到的篇目是《梦游天姥吟留别》，这是一个常规篇目，对于当时已经有十多年教学经验的我来说，准确地解读文本问题不大，但大家基本都能做到这点，这也正是教授耳熟能详的经典篇目的弊端，要面临的难题是如何再深挖，如何能出新意。

　　《梦游天姥吟留别》一诗是经典诗歌，如何在规矩中求新意，我当时选择了比较有风险的设计。以杜甫在《春日怀李白》中对李白的评价"白也诗无敌，飘然思不群"来构建全课，力求以作者的"思不群"激发学生学习兴趣，进而体现学生的"思不群"。①

　　这节课的设计被收录在当年优秀课程案例之中，受到了业内普遍好评，专家给予了高度认可，认为挖掘够深，思路够新。

　　当时是2015年，那一单元的重点主题是"置身诗境，缘景明情"。2021年，新教材仍然收录了这首诗。新教材有新变化，这一课的教学设计要推倒重来。新教材的编排有两条主线，一是人文主题，二是任务群。《梦游天姥吟留别》这首诗在新教材必修上册第三单元，人文主题

――――――――――
　　① 详见附录《梦游天姥吟留别》教学全景再现。

是"生命的诗意",任务群是"文学阅读与写作"。依据新教材,我重新设计了教学目的和教学重难点。[①] 这节重新设计的课,在 2022 年入选首批教育部精品课。

备课的重点当然是"备"学生。成功的课,永远是心中有设计;成功的课堂,永远要心中有学生。课程改革的"以生为本",必须落实在每一节课的设计中、每一次课堂的践行中。我认为,真正的"以生为本"不是用学生发言几次、鼓掌多少、气氛多热烈这些表象化的指标来衡量的,而应该看我们的教学内容是不是引发了学生的深度思考,让学生有所收获或者发现不足。

2015 年执教《梦游天姥吟留别》一课,是我从教生涯中迄今为止唯一一次获得二等奖。究其原因,就在于我的教学设计超出了比赛所用班级学生的接受能力,而这一教学设计后来受到了业界专家的一致好评。当时我深深懊恼,可后来我深深庆幸。如果不是这一次的经历,我可能无法真正认识到课堂教学的意义。

教学设计是必要的,随"生"而变是必须的。我真切地体会到,比赛课不是表演课,也不是为了得第一,它的价值是让学生学有所得,哪怕只有一点点,只要他们真的学会了,那就是这节课的价值。我的失败是自己固守教学设计,没有当机立断地根据当时学生的接受能力大胆删除所谓的精彩设计,没能真正带领学生在他们的能力范围内去探寻语文之美。在那之后,我日常教学的每一课,每一次示范课、比赛课,都会提前进行充分的预设,在实际授课过程中再根据学生的情况及时取舍调整。

---

① 详见附录《梦游天姥吟留别》课例赏鉴。

雅斯贝尔斯说："没有一个人能认识到自己天分中沉睡的可能性，因此需要教育来唤醒人所未能意识到的一切。"所以，教学不能只是一种传授、告知，而必须唤醒学生学习的欲望。随"生"而变，才是教学设计的真意。

通过对《梦游天姥吟留别》一课进行两次完整的教学设计和反思，我得出结论：高效课堂最关键之处是融合，最重要的是课程设计和学生的融合。

二、情境和任务的融合

高中语文的课程体系发生了重大变革，新教材采用"人文主题"与"任务群"双线并行的体系，在每个单元的设计中将阅读和表达紧密连结。语文学科高考考查的基本能力归根结底也是阅读和表达能力。作为高中语文教师，应该准确把握新教材的设计思路，在课堂教学中有效地培养学生的阅读和表达能力。

"情境"和"任务"是"新课标"、新教材中的高频词汇，据此，我们大胆假设，每一节语文课的教学任务其实都是一个情境，语文课堂就是在特定情境下展开的活动，目的是提高学生们的语文学科素养中的核心能力。我们应该探索以"情境·任务"为载体的读写融合模式，旨在深入钻研教材，体会每篇文章、每个单元乃至每本书的具体情境，设计出有效的课堂活动，促进读写融合，落实语文学科的核心素养。在课堂教学中，将传统的语文教学活动转化为在具体情境下的有效任务。

我们传统的教学设计也会关注到情境和任务，但基本上是二者并行，各自独立，而不是情境和任务的融合。比如我在早年教授《胡同文化》时就是传统的情境和任务相互独立的设计：

创设情境：

北京是个什么样的城市呢？北京是一座有着三千多年历史的古都，算起来大致有二十多个别称。它是中华人民共和国首都、省级行政区、直辖市、国家中心城市、超大城市，国务院批复确定的中国政治中心、文化中心、国际交往中心、科技创新中心。

它恢宏阔大，是林语堂笔下具有紫金的御色屋顶，以及宫殿庭园楼榭的珠玉之城。它有宫殿、御园、百尺宽的大道、艺术博物院、专校、大学、医院、庙塔、艺商，还有旧书摊林立的街道，它像是一个国王的梦境。

它细腻家常，是郁达夫记挂着的家园。它有陶然亭的芦花、钓鱼台的柳影、西山的虫唱、玉泉的夜月、潭柘寺的钟声。它有撩动人心的牵牛的蓝朵、槐树的落蕊、秋蝉的衰唱，着着很厚的青布单衣或夹袄的都市闲人嘴里的平平仄仄……

它的厚重灿烂，它的蕴藉悠远，在金碧辉煌处，也在街头巷尾中。今天，我们就随着汪曾祺先生一起走进胡同，探寻文化。

读者阅读自然是从题目开始，作者写作先以题目传情，我们一起解读本文的标题。

同学们，你见过胡同吗？能不能简单描述一下。

归纳一下同学们所说的，胡同是小的街巷，狭窄，幽长。

那么同学们怎么理解文化呢？

同学们概括的文化的特点是深远厚重。

那么小、窄的具体的胡同，和那么深、厚的抽象的文化有着怎样的关联呢？标题便激起了我们探究的欲望。

这是一篇散文，同学们，请用一句话概括一下散文的特点。——形散而神不散。

那么这篇散文的形和神大家判断一下该是什么呢？胡同是形，文化是神。

落实任务：

同学们，请你们迅速阅读文章，看一看哪些段落是围绕着胡同来写的？

……

下面老师诵读1—4段，大家拿好笔，边听边概括每一段作者围绕胡同写了什么？

……

北京的胡同和文化有什么关系呢？作者为什么要从胡同谈文化呢？请大家从第5段找出关键语句。

……

如果改成这样的设计：

你是北京的一名导游，要接待一个高考结束后专程来探访北京胡同的高中生旅行团，你要做哪些准备呢？

准备工作：详细了解北京胡同的特点，了解胡同背后的文化信息，厘清胡同和北京之间的关系，确定游览路线，准备解说词。

这样就将情境和任务真正融合在一起了。这样的设计，能激发学生的兴趣，又有明确的任务指令，让学生主动将自己的活动和文本学习结合起来，拓宽了学习渠道，不局限于文本，从而实现课堂的高效。

　　我的名师工作室核心成员陈建红老师和付冰老师在设计必修上册第七单元的时候，就创设了一个大情境：

　　我校《育明人》杂志准备开辟一个"山水人生"专栏，来推介自然山水散文，要求同学们从本单元中选取一篇进行详细介绍，阐明推介理由。

　　然后进行了如下单元整体设计：

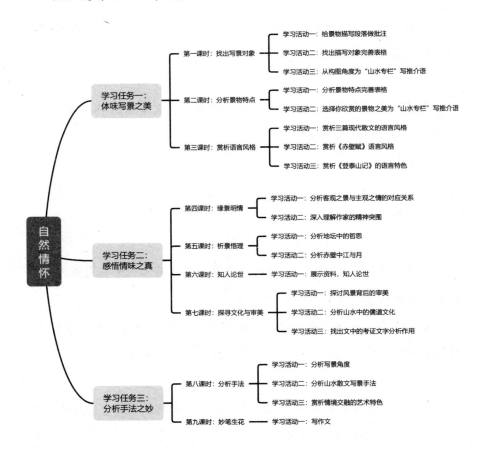

　　工作室核心成员盛江伟老师和莫维老师在设计良知与悲悯——文学阅读与写作之戏剧单元的时候，也落实了情境和任务：

　　学校拟在本学期举行"一出好戏"微型戏剧表演大赛，要求同学们以班级为单位先行组织排演，选拔出优秀角色和剧目参加学校汇演，剧目可以是本单元节选部分的戏剧片段，也可以在学习本单元作品的基础上，选择课文所在整部剧的其他部分，还可以选择其他小说作品进行改编。

　　在设计中，强化学生活动。

第七课时 完善台本	
课时目标	1. 在排演中改编剧本为演出台本，关注舞台说明。 2. 为自己的剧目设计海报。 3. 感受传统戏曲和现代戏剧体裁的异同。
学习任务	结合之前的文本分析，完成包含详细舞台说明的演出台本，在改编过程中感受传统戏曲和现代戏剧体裁的异同，并利用课下时间完成排演，同时制作演出海报。在创作与排演中学会分享交流，合作共进。在剧本的创作中，慢慢领会戏剧作为一种综合的舞台艺术与当下的影视剧艺术的本质区别。
学习过程	课堂导入：结合之前课时对于冲突、人物和台词的分析，对剧本做进一步充实，不仅完成相应的舞台说明，并在此基础上形成演出台本。 　　学习活动一：梳理并仿写舞台说明。 　　教材3篇选文中，《雷雨》节选部分的"舞台提示"最为丰富，在这一幕的开头就交代了事件发生时的天气状况以及人们的感受："午饭后，天气更阴沉，更郁热，低沉潮湿的空气，使人异常烦躁。"在人物对话中，也总会有对应的表

（续表）

学习过程	情、动作提示等。而《哈姆莱特》的舞台提示最少，没有环境交待，也没有人物的表情、动作提示等。 　　1. 模仿撰写"舞台提示"。 　　(1)请你为《窦娥冤》与《哈姆莱特》选文的开头写一段"舞台提示"，点明事件发生时的环境状况，并指出你这样设计的原因。提示：《窦娥冤》不要求使用文言文。 　　(2)请仿照《雷雨》，为哈姆莱特与奥菲利娅的对话部分加上一些动作、表情提示，并说明你的理由。 　　2. 梳理归纳"舞台提示"，整理《窦娥冤》中的"舞台提示"，并对其进行分类，了解元杂剧的基本知识。 　　提示：(1)"舞台提示"必须契合人物的身份，能够展示人物的性格与内心世界，与事件发展相适应等；(2)《窦娥冤》节选的这一折是窦娥奔赴法场受刑的经过，这一折的开头有"舞台提示"，但是并没有点明事件发生的环境状况等。我们从后文窦娥的誓愿可以看出，此时为六月，天气应该比较炎热，天空应该万里无云，与后文的六月飞雪的情节形成对比。在点明环境时，还需要注意窦娥此时的心境。(3)哈姆莱特与奥菲利娅在对话的过程中，原文基本没有舞台提示，哈姆莱特与奥菲利娅在此过程中，会呈现出什么样的表情变化，做出哪些动作呢？需要根据具体的语境进行设计。(4)《窦娥冤》中的"舞台提示"包括人物角色提示、舞台动作提示等，人物角色提示如"卜老""外""净""正旦"等，舞台动作提示如"刽子磨旗、提刀，押正旦带枷上"。做这些梳理，能更好地了解元杂剧语言的特征。 　　学习活动二：细化台本。 　　台本是经过处理，补充适当内容后作为演出依据的剧本。它比剧本在内容上更加具体丰富，包括演出所涉及的方方面面具体的细节，是戏剧文本和舞台表演之间的中介，在实际的戏剧演出中起着重要的作用。台本是在组长（导演）领导下集体讨论完成的，是演出团体全体成员智慧的结晶；

（续表）

学习过程	它的编写贯穿从剧本分析到排练演出的整个过程，并且随时根据获得的新认识对其进行补充完善，最终形成作为正式表演基础的定本。具体可以做以下工作：

1.明确细化演出剧目中各角色的语气、腔调、神态、动作等，兼顾每一个人物在每一时刻（包括作为听者时）的神态、心理、动作等。

提示思考角度：你对全剧如何理解？你扮演的是怎样一个人？你在什么规定情境里说话？你为什么要说这些话？你都说了些什么？你在跟怎样的一个人说话？你用什么方式说？用什么情感说？怎么说更好？别的角色说话时我该如何表现？等等。

2.画出某一场景下的人物体态和运动示意图：如"周朴园劝鲁侍萍大可不必哭哭啼啼"一节，人物动作如图一所示，"周朴园坐沙发抽烟"如图二所示，舞台布局和演员之间的行动路线如图三所示。

图一

图二　　　　　图三

（续表）

学习过程	学习活动三：创作海报。 　　提示：具体要素包括剧作名称、舞台剧照（定妆或者定镜照）、人物分工、比较吸引人的宣传语等。 课堂小结：台本的写作是为了更好地演出，尤其在一些关键环节，不能马虎，且要反复修改润色，其中的人物动作示意图和海报制作，可以邀请美术老师作为指导老师辅助完成。 　　反思：本节课像是做好整体产品之后的包装，或者说是对既有分析的总结转化，以戏剧的规定性动作呈现。不苛求台本质量，但文本生成的过程就是思想梳理、输出的过程。同时对三篇作品的形式差异做比较分析，也是本单元的学习任务之一。
课时作业	1. 完善演出台本，并在课下排演。 2. 制作演出海报，准备班级演出。

三、单篇和单元的融合

在"新课标"、新教材、新高考的背景下，要尤其重视单篇与单元的融合。以新教材必修下册第八单元的教学设计为例。首先是按照新教材的特点，明确单元主题——责任与担当；本单元的任务是倾听理性的声音，这就把单元的人文主题和思辨性阅读与表达任务群紧密地联系在一起了。

虽然这不是高中阶段第一个思辨性阅读与表达的任务群，但我们仍然要强调一下这类任务群的特点和要求。该任务群旨在"引导学生学习思辨性阅读和表达，发展实证、推理、批判与发现的能力，增强思维的逻辑性和深刻性，认清事物的本质，辨别是非、善恶、美丑，提高理性思维水平"，是落实"思维发展与提升"核心素养，发展逻辑思维能力，提升思维品质的重要载体。

在教学设计过程中，我们要落实两个重点。一是树立"大单元"意识，由"单元"到"跨单元"，处理好"这一篇"和"这一类"。首先重视"这一篇"，它是联系扩展的基础。文言文章不同于其他文章，文言知识不能轻视，一定要落实。同时，文言文章是文章，不能简单地进行字词语法学习，要按照文言—文章—文学—文化（思维提升—审美鉴赏—文化传承）的模式进行教学。

本单元围绕思辨性阅读与表达，以"责任与担当"为人文主题，设计了"倾听理性的声音"这一核心任务，选取了两组共四篇古代思辨性文本。第一组课文选取了魏征《谏太宗十思疏》和王安石《答司马谏议书》两篇文章。前者是诤臣对贤君的劝谏，后者是名臣之间的辩难交锋，体现了"疏"和"书"不同文体的特点，"谏"和"答"不同的对象目的。（文章，文学）魏征和王安石，一位以直言敢谏知名，一位以锐意革新著称，堪称古代士人的楷模，在他们身上我们能够感受到中华民族世代传承的胸怀，家国天下、勇于担当责任的文化精神和优良品格。（文化）

第二组课文围绕国家兴亡，选取了杜牧《阿房宫赋》和苏洵《六国论》两篇文章，一写秦之灭亡原因，一论六国迁灭缘由，均为借古鉴今、针砭时弊的名篇。《阿房宫赋》为赋体文，《六国论》为史论，前者铺采摛文，后者明快酣畅。（文章，文学）"后人哀之而不鉴之，亦使后人而复哀后人也"作结，委婉地向当国者提出讽谏。"为国者无使为积威之所劫"引向现实政治，委婉劝喻。一介书生，心怀天下，体现责任与担当。（文化）

其次是立足"这一篇"，旨在"这一类"。"学习之道""中华文明之光""责任与担当"三个"思辨性阅读与表达"单元，从引导学生审视切身之事（学习）出发，理解学习的价值和意义，认识思辨性文本的特质，把握思辨阅读与表达的一般策略；进而深入中国文化的根脉，通过先秦诸子散文、史传散文的学习，深化理解作品的思想内涵，体会不同的说理技巧和表达风格，审视作品的现代意义；最后引导学生来到复杂的历史、政治现场，通过阅读较为复杂的政论性文章，领会古代士人的家国情怀和责任担当意识，把握他们解决现实问题的理性思维方式，学会在辩证分析与合理推论的基础上对作品做出理性判断，养成良好的批判性思维习惯。可以说，任务群目标的落实是逐层推进的，由单一问题到复杂社会问题，由一般策略的把握到思维习惯的养成。

总结一下，单元内部是整体的，不是拆分的；是结构化的，不是孤立的；是彼此关联整合的，不是混沌无序的。三个单元之间是彼此分工又互相联系的。我们甚至要关注到"思辨性阅读与表达"学习任务群三个单元与其他学习任务群，比如必修下册第五单元的关联。

教学设计的第二个重点是读写融合，连结阅读和表达。这四篇文章中，可以把《六国论》作为指导学生写作的样本。在大单元、逆向的课程设计中，我的名师工作室做出了一些有益的探索。①

当然，我们仍然在探索的路上，这个单元课程设计也是在一边做一边思考修正。但能确定的是，我们的方向是对的。以前我们教学是一篇一篇地教，然后进行单元总结，由个体到整体。现在我们需要先构建单元，弄清楚这一个单元我们要教什么、怎么教，然后用单篇去落实。这就是大单元意识，也是一种逆向设计的思路，这样能更好地实现"以生为本"，提升学生的学习效果。

---

① 详见附录必修下册第一单元主题课程设计。

四、教学和科研的融合

由课标、教材到教学，是理论到实践，由专注教学设计中的小"技"到追求教学的大"道"，是由"一斑"到"全豹"。在这个过程中的体会和领悟颇多，自然而然地让我由"教"而"研"，当年觉得神圣而遥远的科研之路，也就此起步。

在教学与科研过程中，我先后完成了多篇论文。我在《思维导图在高中生学习能力培养中的应用策略》一文中指出，思维导图作为一种有效的可视化思维工具，可以在高中生学习能力的培养中发挥极大的作用。通过问卷调查的方法，按照随机抽样的方式对高中生应用思维导图类学习工具的使用现状进行了调查。根据调查结果，提出了高中生利用思维导图提高学习能力的策略，即学校、教师和学生三位一体的自主学习能力培养模式。

此外，我还主持了"十三五"规划课题"基于网络平台学生自主学习方式研究"，并顺利结题。在教改、课改的大背景下，我们确立课题名称为"基于网络平台学生自主学习方式研究"，以网络为依托，着眼于学生自主学习模式的探究，力求探索出可操作性强、效率高、效果好的学习模式，并配合以行之有效的监督、检测手段，将老师的教学和学生的学习由传统的课堂、固定的教室拓展开来，打破时间和空间的限定，实现"无界课堂"，探索出新型教学途径、教学方式，适应新的教育改革形势的教学模式。这一课题立足于我校课程改革，特别是课堂教学改革已经有多年成功实践的基础上，更好地满足了学生的学习兴趣，满足不同学习能力、不同发展潜质的学生需要，也是顺应时代发展需要，将教育教学改革落到实处的表现。

我在 2017 年接受任务，参编一本教材配套读物，我负责其中一个单元的设计。单元主题是"科技造福人类"，我设计了由科技改变人类生存状况到科技造福人类生活的思路。

在科技改变人类生存状况部分，我按照"由黑暗步入光明"的选文思路，选择了沈括《梦溪笔谈》中的"石油""雷震"两则。之所以让学生阅读《梦溪笔谈》，不仅是因为它的杰出，也因为它的局限性。了解它的杰出，可以让我们心有敬畏；明白它的局限性，可以让我们行有底气。然后，选择了《富兰克林自传》《法拉第和物理知识》中"发现电磁转动"部分，和《爱迪生传》中"电光普照全世界"部分。沈括的发现与困惑，富兰克林、法拉第的探索与实践，爱迪生的点亮世界造福众生，通过这几篇选文，引导学生了解科技如何让我们由黑暗步入光明。

首先是生存，然后是生活，所以接下来的思路是人类渴望由"光明"步入"文明"。衣食住行，生老病死，丰富物质，充盈精神，在"由光明走向文明"部分，我按照"衣""食""住""行"的选文思路，选了《诗经·国风·唐风·扬之水》和《后汉书·卷十上·皇后纪第十上》，让学生了解素衣染色的历程，之后选了《袁隆平传》《中国建筑的特征》和杨利伟著的《天地九重》，通过选文，让学生了解科技在"衣""食""住""行"方面为人类带来的改变，紧扣科技造福人类的单元主题。

这种在主题引领下打乱文体的选文方式，在当时是颇为大胆的。统编版新教材面世，我惊喜地发现，我当年的一些选编理念竟然和新教材颇有切合，虽难免有所偏差，但一定程度上也说明我对教学的思考在正确的方向上。

教学需要钻研，研究过程中不断思考总结，让自己的教学更加科学高效，然后再把经验和教训总结、提炼。在科研的路上，我是随心随性，走得懵懵懂懂，好在一直坚持着走。回望来路，虽不是每一步都顺利，但多多少少都走出了价值，走出了趣味。

贰 文能育人

　　我能够成为学生喜欢的班主任老师，和我是一名语文老师大有关联。在班主任工作中，我充分发挥了"文"的作用，追求以"文"育人，期待"文"能化人。"你来人间一趟，你要看看太阳。"语文的教材文本其实就是育人的样本，其中几千年的文化，无数文人骚客，都是"阳光"，可以在学生的成长中形成潜移默化的影响。语文向外延伸，就是生活。用学习语文的态度去向生活这本无字的书探索，会得到更加丰富的知识。我在语文的滋养下，一路前行，一路收获。

第三章　为师有"道"

第一节　倾听自己的声音

作为一名教语文的班主任，我的经验是"文能育人"。或许语文学科的独特之处正在于其强大的育人功能。这个"人"首先是教师自己，然后才是教师要"育"的学生。一位班主任，首先是一名教师。要探讨如何做好班主任工作，首先要思考自己到底要成为一个什么样的人，自己要成为一名什么样的教师。

这是我在 2020 年 4 月所做的讲演，或许能够在一定程度上解答这个问题：

脚下是崎岖坎坷，心中有星辰大海

——做"四有"教师

我的理想，或者说对自己的期许是做个"四有"教师。

有态度：

二月以来，我进行了六次微课录制。青林主任有一次问我，怎么市里的录课名单总有你呢？我说，可能是我态度好，不然还能因为我讲得好啊？

是的，这是一种态度。这种微课录制的难度很大，比正常上一节公开课不知道麻烦多少倍。怎么设计固然要费很多心思，但更难的是一节课二十几分钟不能随意说一句话，更不能说错一个字，而且语速、音量都要讲究。很多人靠剪辑后期处理，我只用笨功夫，将讲稿烂熟于心，保证不出一点儿错。

态度好这一点很受环境的影响。在育明二十年，身边的伙伴不管是德高望重的老师还是年轻充满活力的老师，每个人都态度端正、积极上进、认真负责。

有能力：

教书育人，教学上和教育上都要有能力。这两者之间我是这样理解的，教学能力是基础。亲其师信其道，学生不认可你，就不可能亲近你、信赖你，教学上立不住，学生很难真心认可你。所以年轻教师不要总想着怎么和学生打成一片，以为和他们谈个游戏、打个球、唱个歌、聊个天，就觉得学生喜欢你。这样的喜欢不行，我们是老师，得让学生敬重你，要有真本事。我喜欢一句话，聪明人要肯下笨功夫。年轻老师们品一品。我这样的中老年教师也绝不能懈怠，与时俱进才能不被淘汰。高考在变，教材在变，课标在变，我们得以变应变。教得好，永远是做老师的底气。怎么能教得好呢，我觉得要研究课标和教材，要反复做高考题。要尽可能多听课，要有勇气学，有勇气问，问同事，问学生，都没关系，要永远保持学习的姿态。

育人这个问题，班主任涉及得多一些。怎么做其实没什么定法，因班而异。比如现在这个时期，我觉得需要宽严相济，张弛有度。不能上学，居家上网课，这些面对起来谁都焦虑，学生也一样，我们不能每天把时间填太满，得给孩子留点缝儿，安排上要严谨，语气上要活泼，不要每天在群里刷屏，要多观察、多了解。除了学校规定的班会，我没有额外开过班会，但我定期召开班长支书会、学委会、生活委员会、小组长会。班级里经常大范围地开会教育容易让学生烦乱，管好该管的人，化整为零是个比较好的办法。对于学校要求的家长会，我开了家校联席会，让学委总结了学习状况，生活委员对居家乃至开学后的学习生活提出了细致的要求，组长们介绍了组织自习的情况，竞赛代表说了竞赛规划，还让几个同学分享了学习计划。全班在班长的组织下通过诗朗诵表达了心声。我觉得让孩子们捋一捋都干什么了，他们就有了成就感，知道该怎么干，就有了方向感，家长们看到、了解了孩子们的状况，就有了安全感。鉴于我班的特殊情况，上周我又请了2017年物竞金牌获得者，考上北大的吴家昊同学到钉钉群做了个讲座，讲了竞赛和高考学习的相关问题。

总而言之，我觉得班主任工作得多想，想近期特点和学生需要，不能机械地做。跟年轻班主任分享一下我的心得：多深思熟虑，少即兴教育；没有好的办法的时候，多看着就是好办法；遇到棘手事情的时候别着急说话，先稳住，想想，想不好就求助；学生犯小错误要往深里挖，让他害怕，如果学生真犯了大些的错，害怕了，要让他知道你是爱他的，错是错了，你和他一起面对；班级刚组建的时候要严厉一些，规矩得立住了。总之，平时多学、多看，学校安排班主任的时候用心良苦，新老搭配，所以新老师遇到真难处理的问题时要稳住，可以求助。大家不用羡慕谁，年轻班主任们的苦恼我都经历过，我现在的苦恼也是你们将要经历的。

有情趣：

做一个有情趣的人很重要，做一个有情趣的老师就更重要了。这个不是为了取悦别人，是为了取悦我们自己。当老师太难了。所以，我们要有情趣，要快乐。合唱团、舞蹈社、体育锻炼，我们要有地方安放我们的心灵。不用做得好，做就行。什么是情趣呢？比如钓鱼，钓鱼一定要钓得到、钓得多，那就是实用；晴日和风钓竿，不在意钓不钓得到鱼，在意的是钓鱼本身，这就是情趣了。情趣其实也就是做自己喜欢的事情，一个人，或者是一群人，都可以。

有情怀：

"情怀"这个词很大，苟利国家，不避生死，比如逆行的白衣天使，他们有大情怀。我觉得我们做教师的很难遇到这样的大事。好好教书，遇到不是自己教的学生提问题也能好好回答他，家长有问题时多一点儿耐心，同事有困难时帮一把，听年轻教师的课时多指导几句，别的班出了问题别偷着笑，帮着去说一句，我觉得这些就是情怀。而虽然我损失一点儿，但对学生好、对学校好，有利于教育事业的事情也能用心去做，我觉得就是大情怀了。

这么多年，其实我真的特别感谢育明这个集体，感谢同行的这些人，风雨都忘了，温暖都记得。人生艰难，谁脚下的路都难免崎岖坎坷，我们决定不了路，可我们心里有星辰大海，那是谁都阻挡不了的。爱学生，爱你们，爱育明，爱教育事业！

我的这些心里话，或许能回答要做什么样的教师这个问题。

我们还要想清楚，为什么要做班主任？比如因为自己的爱好，或是自己发展的需要。想清楚，才不会糊涂，想清楚自己为什么要做，做起来才能长久。班主任的工作一定是辛苦的，因为热爱，才能熬得过那些辛苦。

接下来的问题是，你希望通过做班主任工作获得什么？荣誉、职称，还是学生的尊敬和爱？这些是可以兼得的，但这些东西在你心目中的排序十分重要。

这是我当年参评大连市优秀班主任时学校的评语，记录了我作为班主任的一路收获：

程玉玲，中共党员，中学语文高级教师。

迄今工作13年，担任班主任工作10年。她无比虔诚地热爱着所从事的教育事业，时刻以党员标准严格要求自己，她的生命也因为与众多年轻的生命交汇而焕发光彩！其主要事迹如下：

一、勤奋好学，学堪为师。

毕业伊始，她就清醒地知道，要得到学生的爱，先要得到学生的敬重，这一切需从课堂开始。她立志做一名优秀的语文教师。她虚心求教，认真听同组老师的课，谦逊好学的精神获得同事们的一致赞许。博取众长为己所用对一个年轻老师来说或许已经足够，可难得的是年轻的她有自己的思想，她一直在学习的同时努力探索，力求形成自己的风格。她勤奋：白天，所在年级经常可见到她忙碌听课的身影；夜晚，教学楼里她所在的办公室那盏灯一定是最后灭的。这还不够，睡前她会开始她认为的一天当中不可或缺的环节——静下心来理清一天的收获，反思白天课程的得失。

很快她就脱颖而出。不仅所教班级语文成绩突出，她还注重课堂教学的创新、教学规律的总结，在课堂教学有效性方面做出了自己的探索。课上她时庄时谐，智慧深刻，是一个神奇的魔术师，能把学生认为生涩、枯燥的课，变得生动快乐。教学中尝试的"以尾为首，逆向突破"法、"中间开花"法都取得了极好的效果，得到同行前辈的认可。《胡同文化》《长亭送别》等多篇教学论文、教案在省市比赛中获得一等奖。2004年在学校第六届中青年教师教学大赛中勇夺第一，2008年参加市优质课大赛荣获一等奖，应市教育学院要求做的全市示范课得到一致好评，参加省教育技术说课比赛也获得一等奖。

二、倾注爱心，以生为本。

在讲台这方舞台上，她托举着的，是一份梦想，也是一份责任，她承载着更多孩子的梦想。而这种责任感在做了班主任后更加地明确与强烈。

2000年，学校安排她做班主任工作。这是学校领导同事对年轻的她工作的认可和赞许，而对她来说，这是荣誉，当然也是一个巨大的挑战。没有经验、没有技巧，真诚和爱是她从教的基础。教育过程中她以人为本，炽热的爱、无私的付出、充分的尊重、真诚的信任让她赢得了学生的心；饱含真情，为学生着想，处事得体、公允，她也获得了家长的信任与支持。她漂亮地完成了自己由普通的科任教师到班主任的转变，而且很快就形成了自己的带班风格。所带班级人文气息浓厚，自觉自律，在各项活动中都表现突出，每届班级都被评为全校的常规免检班级、三好班级。班风良好为学生们创造了良好的学习环境，迄今她送走三届毕业班，每一届毕业班在高考中成绩都极其优异。

她倾注了自己全部的爱。每天除了学校开会，她总是和学生们在一起：和学生们一起听课，观察学生们的听课状态，和学生们一起上体育、体活课，拉近师生的距离。晚上十点，她依然在教室和学生们自习，学生们回到宿舍，她才拖着疲惫的身体打车回家。2005年1月，她怀孕了，而带的班正值高三上学期，尽管孕期反应强烈，但她依然早上六点半到校，晚上很晚才回家。挺着越来越大的肚子，她认真地进行两个班的教学，没缺过一节课，没落过一次批改，班级的工作没有一点儿放松，反而更加细致。

三、宏观规划，智慧管理。

她不是简单地管理班级、看管学生，而是细心揣摩每个学生的特点，充分挖掘其发展潜力，为学生做好指导、引领，帮助他们设计自己的未来，实现自己的梦想。而在这一过程中，她充分尊重学生，客观认知，因材施教，力求人尽其才。

2001年3月，新学期一开学，一位同学的家长找到学校，要求将该生转到程老师班。这名学生小时候得过儿童多动症，其父母多方求医问药，病情已好转，但他长期以来养成了好动的习惯，并且从心理上喜欢放纵自己，所以上高中后行为散漫，成绩低下。通过细心地观察，程老师发现困扰他的并不是身体上的疾病，而是心理问题，所以并不纵容他的不良行为，反而更加严格地要求他，让他认识到自己并不特殊，也是正常的学生，要按照班级的规定规范自己的言行。在他有了这种意识之后定期与他谈话，强化他这种意识，在班级里及时表扬他的点滴进步，使他的哪怕极其微小的努力都得到认可。渐渐地，他开始有了全新的表现，在家里能理解父母的付出，帮助父母做力所能及的事，在学校课堂上注意力集中，听课态度认真，成绩提高很快，学会了规范自己的行为，得到同学们一致好评，他的父母更是欣喜异常。学校也根据他的表现，取消了他以前违纪的处分。在后来的高考中他取得了优异的成绩。

另一名同学，在高二转入程老师班级，之前她跟随到美国交流学习的父母在美国生活，没有学习高一的课程。程老师积极联系各科老师利用休息时间给她补课，并且很快发现该生天资聪颖，学习能力极强，但学习目标感不强，比较自由随性。程老师积极地引导她，鼓励她立志高远，并和家长沟通，一起确定目标。果然她逐渐在学习上开始认真投入，成绩突飞猛进，2003年高考成绩达到北大录取分数线。

在育明高中有一个特殊的学生群体——外国留学生。因为人数少，所以无法集中设班，就分散在正常的教学班中。他们的生长环境、文化传统、生活习惯、行为规范与普通学生有很大差别，家长又无法有效沟通、协助管理，这无疑给班级管理带来很多意想不到的麻烦，很让班主任们头疼。在怎样管理和培养留学生这个问题上，程老师很有发言权：先后分到她班的两位留学生——2005届的一名韩国留学生和2009届的一名日本留学生，分别考入了北大和清华。程老师用自己的成绩诠释了爱就是人类共同的语言。有了爱、尊重和理解，就能创造奇迹。

尽管年轻，但因为爱，因为投入，所以智慧。她明白光靠投入的爱和无私奉献还不够，教育需要智慧。

对于每一个新组建的班级，在班干部的选择上她都会精益求精，不但慧眼识人，而且关注到其实班干部团队组建后更要细心观察，要精心培养。所以她会制定科学的培养计划，定期开会总结指导。所以她所带班的班级干部们都能独当一面，并且互相配合、真诚合作，真正承担起班级管理工作。

让教育取得最佳的效果，学校教育与家庭教育必须互相配合，相辅相成，所以和家长的交流乃至引导都必不可少。每次家长会她都精心准备，对班级发展从宏观上规划，对学生的发展科学指导。平日注重和家长沟通，电话、短信、线上聊天工具等，都成为她和家长联系的工具。她和家长相处遵循尊重理解的原则，细心、耐心、真心，得到了每届学生家长的支持和尊重。

她注重学生的人格培养，特别强调学生们习惯的养成，要求他们"言行必依规矩绳墨"。她注重小事，常抓细节，让学生们明白，关注小事会成就大事，赢在起点将胜在终点。她强调持之以恒，采用各种措施激发他们拼搏的热情。

由于在教学和教育工作中都有突出表现，自1999年工作以来，她多次被评为校优秀教师、优秀青年共产党员标兵，荣获大连市沙河口区骨干教师、大连市沙河口区师德先进个人、大连市沙河口区优秀教师等光荣称号。

教师不同于其他职业。对于其他很多工作，凭借努力可以换来名利、地位、赞誉。但在教育领域，努力还可以换来爱。你热爱，你付出，你认真地做了，获得爱的同时，大概率也会获得肯定。所以，做一个教育工作者，要单纯一点，要"但行好事，莫问前程"。

第二节　产生心灵的碰撞

作为班主任，我常思考一个问题：我能给这个班级的学生带来什么？我的答案是爱和陪伴。

冰心说："走在生命的两旁，随时播种，随时开花，将这一径长途，点缀得鲜花弥漫，使穿枝拂叶的行人踏着荆棘，不觉得痛苦，有泪可落，却不是悲凉。"在孩子们最青春的时候，班主任老师要给他们最好的爱和陪伴。

2003 届我所教的 A 同学，聪明好学，可父母亲身体都不好，家境贫寒。为了帮到他又不让他心里有负担，我每周都购买适量的生活用品，找恰当的理由送给他。分班后他离开我的班级，我和他的新班主任杨老师交流他的情况，一起帮助他直到他毕业。他结婚的时候邀请了我和杨老师，看到他幸福的样子，我们特别开心。

B 同学是分班之后来到我的班级的，是个沉默瘦小的女生，一点儿也不合群。我安排班级里最活泼善良的曲同学和她同桌，处处关爱她，可她毫无改变。我仔细思考之后，在她生病时前往她家探望，发现她家徒四壁，家里只有一个年近八旬的奶奶。我把 B 同学抱在怀里，我们俩都泪流满面。那之后，我多了一个妹妹。一开始，她的心里话只跟我说，慢慢地，她变得开朗起来，和同学们的交流也变多了。当我第一次看见她在班里边说边笑，我高兴得手舞足蹈。我知道改变的不仅是她的性格，也有她的命运。那时候我还年轻，没有许多带班经验，凭借的只是最纯真的热爱。

2005 届的韩国学生 C 同学是我班主任工作中的巨大挑战——她的父母不会中文，而我听不懂韩语，家长和老师的沟通合作难以实现。C 同学很聪明，中文学得又快又好，字写得漂亮，答题思路清晰，写得一手好文章。在写文章方面，她很喜欢和我交流。但可能由于文化背景不同，她有着特别的个性，经常与同学发生冲突，一次竟然将刚打的一盘饭菜直接扣到另一个女孩儿头上。我赶到现场，那个女孩儿满脸的菜汤，而 C 同学则一副若无其事的样子。我默默处理完现场，把她领到办公室，那是我最激烈的一次发火，简直暴跳如雷。后来她说："老师，你跟我大喊的时候，我真的明白了一些道理，虽然你骂我，可我听懂了你是爱我的。"后来她以全国留学生第二名的成绩考上了北大光华管理学院，她的文章成了当年的范文，她特意从韩国回来看我。我心里最高兴的不是考出了一个北大学生，而是帮助她发挥自己的能力站到了高处，以及她的个人成长。

D同学，因为高考临近压力太大，再加上父母之间有变故，不肯上学。接到他母亲的电话，我赶到他家，他正挥舞着菜刀，父母束手无策。我心里没有恐惧，只有心疼，我抢下他手里的菜刀，一米九的他趴我身上号啕大哭。经过耐心劝解，他的父母回到金州，而他不肯回校住宿，我于是负责起他的衣食起居。最后他也考上了理想的大学。

还有与强硬的母亲产生冲突离家出走的E同学，还有"为爱执迷"差点儿导致父母离异的F同学……年少时代的叛逆无论怎样疯狂，我都坚持用一颗真心去关爱他们，尽力让他们安稳地度过躁动的青春。

班主任工作其实是需要技巧的，是一门艺术。心中有爱、甘于奉献，只是做好班主任工作的基本前提，而想要做好班主任工作，还一定要有智慧。要想做一名有智慧的班主任，应该做到老子的"两知"。

一、自知者明

（一）学高为师，不忘本业。

提到班主任，我们常说的词就是教育，可我们一定不能忘记的是，教学和教育密不可分。因为在我们大部分地区，班主任都不只是单一的管理人员，更是任课教师，承担教学任务。那么只有专业过硬，在所教学科上有自己独到之处，才能赢得孩子的尊敬。

师生之间的情感大体可以分成三个等级：迎合、喜欢；信赖、敬爱；共情、和谐。

学生一开始喜欢老师的理由可能会有很多，比如年轻有活力、颜值高、声音动听、能歌善舞、有体育特长，甚至是和他喜欢同一个明星，玩同一款游戏，等等。所以，有小聪明的老师会关注学生喜欢什么，拉近和他们的距离。这种喜欢一开始很简单，但是师生都有迎合的成分，很难保持，也很难为教育提供长久的、强大的支撑。

如果想长时间被学生喜爱，那一定要让学生们对老师足够信服，这种信服，应该来自于对教学能力的认可。所以有智慧的老师，往往关注自我的提升，懂得用实力赢得学生的信赖和喜爱。

从班主任角度上讲，共情就是揣摩学生，但其目的是了解学生，以便更好地帮助学生，而不是为了讨好学生，使学生更加喜爱我。从学生角度讲，共情就是懂得。懂得老师的用心，懂得老师的教育，使老师的用心和教育内化成自己的成长和成熟。这样就达到了师生和谐的境界。我已经做了20年的班主任，在学校带过各种班级。我的学生们最常说的一句话的就是"程姐懂我"，不同的孩子会加上不同的修饰语，变成了"只有程姐懂我""还是程姐懂我""果然程姐懂我"，当然，这种"懂得"在我们之间是相互的。

（二）明确角色，坚守职业。

老师的角色意识很重要。师生之间应该留有一定的距离，距离不一定产生美，但没有距离恐怕一定不美。所以对于老师，尤其是青年教师，角色定位很重要。喜欢学生和让学生喜欢都是对的，可是不能不分彼此，模糊身份。教师不从那种和学生的亲近中抽离出来，很多时候是做不好引领和教育的。

和家长之间，班主任也必须有清晰的角色定位。有两点是至关重要的，一是我们都是爱着同一个孩子的。教育是件复杂的事，容易绕着绕着就乱了，所以该明确的不能含糊。我做班主任的时间比较久，所以会有年轻的班主任老师跟我倾诉家长难缠，比如不配合工作，甚至向学校告状，等等。不可理喻、胡搅蛮缠的人是存在的，但我认为家长通常都不是。为什么呢，说得通俗一些，因为他最爱的孩子在你手里。如果他变得胡搅蛮缠，那么一定是因为他觉得他的孩子受到了威胁，或者孩子不能很好地发展。所以，班主任一定要明确，我们和家长其实是非常亲密的伙伴，我们有共同的爱和责任。不管我们工作中具体的技巧、方法有什么样的差别，只要角色定位准确，就不会出现大的偏差。二是班主任和家长之间一定要保持安全距离。家长们都希望和老师的关系近一点儿，更近一点儿，为什么会有这样的心理呢？我觉得网上流传的一句话很有道理，"其实，人的安全感不是来源于爱，而是偏爱，人只有确定自己是那个例外，才能安心"。"每个人都不是一座孤岛"，老师自然也不是，所以老师和家长之间就会出现一些除了自身身份角色之外的关系。但是，无论如何要保持安全距离，不能疏离，因为要想教育的效果良好，家校需要合一，也不能无限制的亲密，否则做班主任的独立、公平都会或多或少地受到影响。情当然重要，但理不可逾越。我们必须要有职业精神，做职业的事、职业地做事。

教育可以说"道阻且长"，有的时候走着走着就迷惑了，这很正常，但绝不能走着走着就糊涂，甚至迷路了。身在此山中，更要牢知真面目，这样自己无惑，也能不惑于外物。

二、知人者智

（一）以生为本，智慧管理。

夏丏尊说："教育不能没有情感，没有爱就如同池塘没有水。没有水就没有池塘，没有爱就没有教育。"教育不是死板的规章，不是简单的规范，甚至不是单一地指向优秀，教育是有温度的有情感的有个性的有生命的，只有真正"以生为本"，教育才有意义。

没有爱，做不了班主任。没有智慧，做不好班主任。

很多班主任的共同体验，就是太忙了，有时深感分身乏术。仔细想一想，事必躬亲是勤奋的表现，但管理除了勤奋还要有智慧。所以，要让学生学会自我管理，才能解放班主任。

首先是班干部的选拔。我的每一届班级的班干部都精明强干，秘诀就是尊重和关注。选拔很复杂，要有很多的条件限制。最重要的一条是"想干"，这是师生之间、生生之间的互相尊重。而之后的培养和管理尤其关键，要引导他们"会干"。首先给他们明确责权，让他们各司其职。然后形成科学的管理模式：比如班长—学委—科代表—小组长—个人；班长—宣委、组委—值日班长—小组长—个人；班长—卫生委员—值日组长—组员。

之所以要模式化，不仅是因为它稳定、科学，还因为要培养学生们的团结合作能力。现在的孩子个人能力很强，但沟通合作意识薄弱。"每个人都不是一座孤岛"，哪怕是"风光秀美"的"孤岛"也不行。在模式化管理中可以强化他们的团队意识，互相配合，团结协作。这是比自我优秀更重要的一种能力。

（二）分层教育，人尽其才。

现在很多学校都在运用分层次教学模式，之所以这样做，是因为意识到了不同能力的孩子有不同的学习需求。事实上，教育也应该是分层次的，这样才更有针对性，自然也就更有效。

班主任首先应该明确，不能认为只要是批评就是教育，而不顾场合和受众的实际情况。这种所谓的教育非但起不到应有效果，而且会使教育再次陷于被动。"分层"只是教育的一种模式。

首先，可以按照年级的不同分层。学校三个年级的学生在年龄上的差距虽然只有三四岁，但青春年少时的几岁差距却会产生截然不同的心理和生理表现。按照年龄和年级进行德育分层的意义就在于此，它就是根据青年学生的年龄、年级的不同，选择不同的德育内容以适应他们不同的心理承受力和生理接受力。在年龄上的分层就可使之减缓这个突变期带来的各种冲击，让学生感受"步步攀升"的教育过程。

按照三个年级学生的年龄、心理不同，我一般会设置三个层次的教育主题。高一是"养成教育"，高二是"规矩教育"，高三是"情怀教育"。高一侧重养成，首先是习惯的养成。高一军训是特别好的契机，先从养成习惯入手，这又可细分为生活习惯和学习习惯，比如固化起床入睡的时间，学会和他人相处，做好预习复习，等等。然后是心理上的养成，所说的"心理养成"包括对自己的清醒认知，科学定位，学会面对挫折，等等。初中和高中有很多不同，这种不同会对刚步入高一的学生心理产生巨大的冲击，"不破不立"，这也正是心理养成的良好时机。高二强化规矩。因为高二的学生对学校、老师、同学都比较熟悉了，因为熟悉所以容易没有规矩，没有规矩就容易懈怠，懈怠就会产生迷茫甚至导致混乱。高三进行"情怀"教育。高三学生的自主性特别强，目的性也特别强，过程又很单调艰苦，所以没有情怀的奋斗很可能让学生只有"痛苦"，得让他们心中有"诗和远方"，这样才能走得稳定、坚实。

还可以按照类别分层教育，比如竞赛生和高考生。我上一届带的班级是理科的重点班，班级里 51 名同学只有 18 人不参加学科竞赛。学习目标、学习时间都做不到同步，面对这样的情况，分层教育就能做到有的放矢。对于竞赛同学，我的教育核心是让他们明确自己是在做加法。一定要让他们明白，他们不是在进行高考和竞赛的简单取舍，不能有赌徒心态，不能孤注一掷，要做加法，是在高考的"规定动作"基础上再加上"自选动作"，从而以最好的状态投入竞赛和高考。对于高考生，我教育的核心是"殊途同归"，在竞赛同学集训的关键时期，教室里只剩 18 个同学奋战的时候，他们的心理是有波动的，尤其是竞赛同学载誉而归，拿到很多奖项，成功签约名校的时候，他们的心里就更不安了。所以一定要让他们明白这只是迟和早的问题，是道路不同但终点相同的问题，只要按部就班地努力，殊途可以同归。

同一年级的教育可以按照教育模块分层。首先要学会对教育模块进行筛选，将相关主题和相近内容的教育模块进行比较，将受众者情况最相近的和体现相互促进作用的教育模块组合在一起，根据学校的实际条件组织落实。在选择和组合过程中，应具体根据所在学校实际，特别是德育教育的对象是否能接受的情况来实施。之后还要重点突出，比如在高一的养成教育中我突出了心理的养成，有计划地专门召开一系列主题班会，引导他们从学会面对自己到学会尊重他人。

德国著名哲学家雅斯贝尔斯说："真正的教育是用一棵树去摇动另一棵树，用一朵云去推动另一朵云，用一个灵魂去唤醒另一个灵魂。"所以摇动另一棵树的那棵树要扎根深厚，推动另一朵云的那朵云要有力量，唤醒另一个灵魂的那个灵魂要足够清醒。这样，才能产生心灵的碰撞，引领学生的成长。

第三节 一起向未来

孔子说"教学相长",班主任和自己的班集体一定是一起成长的。老师和学生互相引领,共同成长。作为班级的核心力量,班主任老师一定要起到引领作用。但这种引领更多体现在班级组建之初和一些关键节点,是"一阵",不是"一直"。就好像建什么样的房子,是班主任的思路,而装修成什么样,是班级每个人的思想。每个班级都一定会有班主任的神韵,每带完一个班级,班主任都应该有了新的吸纳,准备着更好的输出。一个优秀的班主任,会带出一届又一届优秀的班级,一届又一届优秀的班级,打造出了更为优秀的班主任。这其实就是一种美好的"双向奔赴"。

班主任工作特别累,是那种身心疲惫的累。下面这些文章,是我带过的毕业生给我的馈赠,是让我在漫长的班主任生涯中从不疲惫、保持热情的动力。

眺望昨日
——记我的班主任程玉玲老师

站在又一个转折点,我眺望昨日。

通往食堂的小路上,桃花簌簌,它们将这一径长途,点缀得梦幻又绚烂。我们一路走着,终于走到了驿站。放下手中的酒杯,驿站又已然成了分别的长亭。

收起行囊,此刻的我们正雀跃着准备踏上新的征程,而陪我们一路走来的我们的向导，正向我们挥手作别，她满脸喜悦的笑，眼中却是不舍的泪。

翻开崭新的《同窗故事》，一张张彩色或黑白的照片跳入眼帘。往日我们与老师的点点滴滴，不由分说地涌入心间，鲜活得如在眼前。

伴随着朗朗书声的课堂，从来不会使人厌倦。

印象最深的是文言课，我们视为天书的文字她竟都能深情吟诵，而且居然一字无误。江湖传说她三岁的儿子已能背诵《赤壁赋》，真是让我辈汗颜！哈哈！

难忘的病句课，为了让我们印象深刻，老师总是能即兴拿某一事或某一个同学造句。尤记诗词鉴赏，老师神奇地把语文也化作公式，我们屡试不爽。

在我们眼里，她是魔术师，总能把语文课变得生动快乐，不知不觉间，铃声响起，而我们仍意犹未尽。讲台，就是她的舞台，她总把饱满的激情展示给我们，从不厌倦。

在这方舞台上，支持她跳动着的，是一份梦想，也是一份责任，承载着更多孩子的梦想。在这方舞台上，永远有她的微笑，舞台上飞舞着的，是我们共同的岁月和青春。

批评也是一种艺术。我不相信会有一个老师从未批评过学生。对于那些犯了错的孩子，老师责备之余，其实充满了疼爱。她当那些孩子是迷途的小雁，一时找不到雁阵，她会做个领航员，带他们走回正轨，然后看着他们，越飞越高。

也许当时我们无法接受，但当今天真正站到了校门口，准备说声再见的时候，心里剩下的，只有爱与理解。我们甚至会感谢老师当初的惩罚，如同残酷的铁剪，剪去我们杂乱的枝叶。痛苦，却受用终身。

老师二字，未免显得太过严肃。走在生活的路上，她也许更像个朋友。和我们待在一起，天南海北，说说笑笑，很少会产生距离感。

我们曾经一起跑步、踢毽子。她会和我们一起为运动会上的健儿加油、呐喊，声嘶力竭。她会像老鹰一样护着我们，抵挡着一切试图欺负我们的力量。甚至在拔河的时候，看着我们竭尽全力后虚弱地躺在操场上，她竟像个孩子，心疼得哭了出来。

那些灿烂的日子，那些闪光的记忆，今天我宁愿它们都变成一张张黑白照片，因为那样，它便不会褪色。我想，我们拥有的财富，不是文字所表达出来的浪漫或者不舍或者感激之类的情感，我们拥有的，是两年来的默契，是那一整段的记忆，而非某个片段，或者星星点点。

离别之际，我们无法忘记。道一声珍重，希望我们的恩师，一路鸟语花香。

2009 年 6 月

高三（4）班　王子昂

每当看到这些文章，我都能回忆起当时的种种过往。当然，我也确实竭尽全力，给了他们我所能做到的最好的陪伴。

最好的陪伴

高二那年，我们组建了数理 1 班。我们不是第一次踏入这个教室，却是第一次作为一个完整的班级坐在一起，也是第一次看到她。

她说要给予我们最好的陪伴。

然后她用行动和时间践行着。

　　她的每一堂语文课都是陪伴。从旁征博引的文言文理解到深邃透彻的诗歌赏析，抑或是简单的习题讲解，她都能化单调为神奇。她喜欢讲妙趣横生的段子，更善于把晦涩的文化常识和文学典故蕴含其中，让我们爱上语文并更专注地学习语文。

　　她的陪伴，更多的是在课堂之外。

　　她出现在每个晚自习上，虽然有年幼的孩子需要教育和照顾，但是在我们奋笔疾书投身题海之际，她也总是默默地坐在教室的右前角，或批改作文或备课。这是我们的高三，也像是她的高三。

　　她出现在课间，把生活中的欢笑传递给我们，纵使只是一件趣闻、一个发现，却是我们在困境中久觅难得的快乐。从她布满微笑与活力的面孔中，我们也总是能看到生活该有的样子，看到即便在高三也不该丢掉的乐观心境。

　　我们的课本剧背后，有她专业细致的指导；运动场上的健儿，也总能听到她的喝彩鼓励；竞赛冲刺的时候，也能看到她绽放的笑颜。我们是一个太过特殊的集体，她笑着说从教我们的第一天起，人就没有齐过。这是笑谈，也是事实。我们投身于各种社工活动，但更多的是在各自学科竞赛的战场上拼搏。有时天南海北地集训听课，有时投身于竞赛教室当中思索刷题。

　　当时也会想到，她面对几乎空荡荡的教室是否会一样热情洋溢。答案是肯定的。十五个人的课堂，她也全心全意来教授。而课余时间，她便用难以觉察的爱给予天南海北的我们最好的陪伴。拍摄集体照片，或是开展其他集体活动时，她总是无一遗漏地将每一个人唤回。在紧要的关头，她总是恰到好处地送上鼓励与祝福。而如今，雏鸟已经回巢。有人带着荣誉，有人带着回忆。她却依然充满信心地劝慰我们殊途也可同归。

更多的温暖让她每一次严肃的劝诫都使我们记忆犹新，或是因为学习上的懈怠，或是因为习惯上的缺失。她总是告诫我们，成绩能陪我们一时，品质才能陪伴我们一生。想来，离开了高中这座象牙塔的我们，可能再也不能听到类似的嘱托。所以一字一句都应当珍重。

征途漫漫，我们始终与她相携走过。我们始终记得她的陪伴。这世界上每件事到最后都是好事，如果不是，是因为还没有走到最后。

2017 届数理 1 班 朱思南

我常常心怀感激。这世界有那么多人，如果不是成为了一名班主任老师，哪里有机会陪伴那么多人走过那么美好的青春，怎么能够真正地走进一个人的心。很多时候，我只是种下一颗种子，他们却长成了参天大树，或是开成了胜锦的繁花。2021 届毕业生拍毕业照的时候，他们的口号响彻操场——"天南海北，程姐最美！"高考中，他们取得的成绩，足以载入校史。

在"1 班说"中以词相赠的贤博，还写下过很多让我泪流满面的文字。

高考失利后，老师，请允许我稍微晚一点儿向您汇报我的情况。想必您应该也知道我的成绩了——倘若分数、排名皆如我所愿，我应该会在得知消息的第一时间告诉您少年得偿所愿。

天有不测风云。或许是我从小到大诸事顺遂，一切都顺风顺水，在高考中我一向热爱的数学和化学都得到了令人失望的分数，语文也没有考得太好，但是英语和生物却发挥得比较出色。660 多的总分和在全省的排位，离我对自己的预期是有一定距离的。

我仍然记得，刚上高二一个月的时候，您把我和乔宇堂单独叫出去谈话，说我是一个对自己、对别人要求都很高的人。那一时刻，我便知道，尽管我不一定是千里马，但是我一定遇到了属于自己的伯乐。认识您的这两年来，您对我的影响远远不止是高考成绩单上的那个简单的分数，您教给我的也绝对不仅仅是语文的答题技巧、作文的写作思路，更是如何成为一个优秀的学生、如何成为一个幸福的自己、如何成为一个真正的人才。两载师恩，是千言万语难以说尽的。且让我用一生的奋斗和拼搏，来把您的教诲落到实处。

从昨天出成绩开始，我一直处于一种高度繁忙的状态。我们家希望我报考国防科技大学，入军籍，成为一名部队内的科研技术人员。尽管这并非是我过去三年的愿望，但是这也没有背离我的初心——仍记得我18岁时写的诗：但为砥柱立一方。走进部队，会有很多体能训练，作息时间安排与管理会很严格（其实还是挺好的）……面对这些，我已经做好了充分的心理准备。我若被国防科技大学军籍提前批录取，未来的四年，我的青春将会染上一抹独特的军旅色彩，我的一生所学也将投入到祖国国防的建设中。纵使高考未能如愿，但是我坚信，艰难困苦，玉汝于成。未来的人生，我有无限的可能。

高中三年，我认为是相当幸运、幸福、圆满的三年。纵然少年所求未能如愿，但是所得仍为所愿。感谢老师两年来的辛勤付出，也感谢咱们班每一位老师的努力。待到录取通知书收到之时，再向您传喜报。

2022 年 5 月 20 日，我收到他寄来的信：

致程姐：

光阴似箭。新一届的高三考生即将走进考场，我却恍然觉得我像是刚走出育明——流着泪、向着阳光走出育明的校门。

我仍然清楚地记得我在育明度过的三年：清晨树荫下的碎影、黄昏天边燃烧的流云、深夜漫天的寂静；青林欢乐的课堂、华华深邃的思想、春泉温和的声音；和子杰聊过的未来、和燕哥一起争辩过的英语题、和逸豪打飞过的网球……您是贯穿其中的线索。从初遇的那一天，到课堂上您的神采飞扬，到三角厅里的促膝长谈，以及最后的种种别离与重逢……相比于高考语文的应试技巧，您的爱与智慧是我获得的更为宝贵的财富。

我还记得，刚来到1班的那一天，与各种"清北种子"、竞赛高手坐在一起，我的心中充满了种种不安。后来，我的成绩逐渐进步，直到在前几名摆动时，这种不安也一直或多或少占据着我的内心：虽然我一直都是一个争强好胜的人，但是在这里，在这个高手云集的班级里，我不奢求成为最闪耀的那一颗星，我只愿成为诸多闪耀星星中的一颗而已。

但是，当我走出育明校门后，我想明白了更多。《哈利·波特》系列里有一句话：决定我们成为什么样的人，不是我们的能力，而是我们的选择。高考尘埃落定，大家的不同选择，印证了这个道理。有的人高分高就，去追求更加辉煌的一生；有的人高分低就，宁做鸡头不做凤尾；有的人优先选择自己最喜欢的专业；有的人更加看重学校的名声……而我，怀揣着报国的信仰和投身科研的信念，选择了科大。

来到这里，我的经历是其他大学里的同学们所难以想象的。有时，他们会开玩笑说，我的生活就像电视剧里的情节。但正是这种种看起来夸张的磨炼，才锻造出了我的人格。从基础薄弱到练出身材、练出力量，从自由散漫到严肃坚定、令行禁止，从应付考试到钻研难题、开拓创新……每一天都是一场新的挑战，每一次挑战都会带来成长。

在和高中同学们的聊天中，我了解到，每个人在趋近优秀的路上都面对着各种各样的困难。相比于其他同龄人，我最明显的特点是，舍弃了最多的"自由"，锤炼了最坚定的意志。确实，选择了这里，就意味着失去了很多——我不得不牺牲陪伴家人的时间、我不得不牺牲我自己的休息时间、我不得不放下曾经那段真挚的情感……

人的一生，活在世上，应该有一些意义。我们曾经追求的优秀，不过是一纸分数；一生真正的优秀，应该在于其为社会、为国家做出的贡献。我这一生的追求，在我迈入科大的大门时便已经确定：我愿成为一名通晓战争的科学家，将自己的忠诚和智慧献给祖国的国防事业。您之前说，我做什么都行，那么，我想，我更应该去"为常人之不可为"！纵然我失去了很多东西，但是我坚信我走在正确的道路上，正在做最有意义的事情。因此，选择科大，选择提笔从戎，我不后悔。

又想起您在政审单上最后的留言。寥寥几字，却激起了我万般心绪。感谢您一路的陪伴，感谢您的谆谆教诲！

"家国一身行万里，愿寄韶华与神州。"这是我在来科大之前写下的一句诗。少年深情望着神州山河，许下守护这片江山的誓言。纵时过境迁，归来行过万里，韶华已去，初心不改。

最后，祝愿您身体健康，工作顺利！祝嘉哥学业有成！

您的学生、永远的 1 班班长：周贤博

于 2022 年 5 月

因为付出爱，所以获得爱。因为获得爱，愿意付出爱。我真心希望我的每一名学生，都有一个美好的未来。除了给他们最真的爱、最好的陪伴，我也愿意用力托举他们向上。

这是 2015 届徐绍航同学参加自主招生时，我给他写下的推荐信：

天地者，万物之逆旅；光阴者，百代之过客。更何况，师生是注定的分离。难怪鲁迅先生说，学生云者。我也渐渐地这样想。

可绍航不同。对于这个学生，我有着敬意和感激。

认识他是在一次学校组织的活动上，他大胆质疑，侃侃而谈，是那场老套的讲座唯一的亮点。孟子说："君子有三乐，而王天下者不与存焉。父母俱在，兄弟无故，一乐也；仰不愧于天，俯不怍于人，二乐也；得天下英才而教育之，三乐也。"作为一名老师，当时我就想能教到这样的学生实乃赏心乐事。

巧的是，文理分班，绍航同学就分到了我的班级。

相处愈久，敬意愈深。

他善思，乐问。对知识有着近乎钻牛角尖那样的探求精神。他纯真、简单，内心没有任何条条框框。他不是书呆子，不是乖学生。他张扬个性，重视自我。

我其实有相当长的时间是在修正他的，因为规矩的需要和应试的需要。也正是在修正的过程中我对他的感情也由欣赏渐成尊敬。

我尊重这样一个单纯的、探求知识的、不肯给自己功利地划好范围的孩子。

当然，我尝试着让他由一个独行者，成长为一个引领者。

我给了他责任。没想到他那么快就适应了新角色，由关注自己，到开始关注他人。他将学委的工作做得风生水起，安排科学缜密，落实一丝不苟。如果非要说有一些问题，那么他有时过于理想主义，不够圆滑，但慢慢地他竟能学会不追求完美，根据现实调整自己的预期和思路。在班级琐碎的常规事务中，他做了太多。记得细致入微的班级日志中一定有他的点评，还会适宜地写上几句励志或者自省的话与同学共勉。班级每一科作业的上交、课堂反应、课下困惑他都会及时和相关老师沟通，同学因为迟到、缺席而缺漏的内容该如何补习他都会一一处理好。

很少有孩子能毫不功利地做这些看不到于自己有直接好处的事。对他的付出，我深深地感激。

真诚希望贵校能给予绍航一个机会，让他能在更高的平台上不断超越自我，实现他的理想！

感谢！期待！

努力做好一个班主任老师，陪伴一群孩子长大，这是一条幸福之路，而且还是一条师生一起向未来的路。

第四章　治班有"法"

第一节　铸魂

一、打造班级核心力量

没有灵魂的人，是行尸走肉，没有灵魂的班集体，就是一盘散沙。所以，班级组建之初，就要目标明确，方法得当地打造班级的核心力量。

首先是选好领军人物。班委会是班级的核心，支书、班长是班级班委会的核心人物。借鉴鲁迅先生在《拿来主义》中的说法，我们要"挑选"，要"培养"。

现行的班干部选拔制度是比较开放的。一般都是军训的时候老师根据上交的自我介绍先委派临时负责人，军训结束后学生竞聘。老师的功力就体现在"纸上选兵"上。自我介绍里要有"必答题"，这些题目是精心设计的，能够从回答中看出一个孩子的基本素养；也要有"开放题"，这些题目能展示孩子的个性和特质。同自我介绍的文字对话，也是在和学生对话，这是语文老师做班主任的优势。

老师的思路需要清晰，想要的不能太多，人无完人，否则学生也就不用老师"培养"了。作为班级的领军人物，班委会成员思想觉悟要高，这样在和同龄孩子相处时才能足够大气，智商和情商要高，这样才能在发挥引领作用的同时也能起到纽带作用。

这是我现在班级的班长之一，被大家称为"宝藏女孩儿"的江芸畅同学的心声：

我是江芸畅，初中毕业于大连理工大学附属学校，曾荣获高新园区及大连市三好学生，统招第一志愿考入育明高中，现在就读于育明高中高一（2）班。

育明高中是一个学习气氛极其浓重又相当温暖的地方，在育明学习就好像挖宝，日挥一铲无有尽，惊喜收获滚滚来。

首先，从学习知识的角度来说，老师藏宝我们挖。毫不夸张地说，在育明的每一堂课，只要我们能跟住老师的步伐，都会有一种茅塞顿开的酣畅淋漓。不论是文理学科，老师都能"稳准狠"地直击要害，用更高远的视角拨云见日，点破我们和正确答案之间的窗户纸，带我们"飞"，让我们得以"隙中窥月"，窥见属于每个学科的独特魅力。鉴于此，我也发现了对于当堂知识及时理解的重要性。理解程度到底是70％，80％，还是90％，直接影响到后面一整个阶段学习的连贯性和有效程度。因而我赞同这个观点：得"基础"者得天下。这里的基础，不只是指基础性的知识点，还指老师渗透在课堂里的逻辑思维和分析角度，是入手点。即使还无法完全吸收，可我已经能感受到老师们努力在为我们建构的知识体系：类似结构的互相关联，内部原理的层层深入，解题思路的一脉相承，简单模型的叠加应用……把这些宝物一点一滴地用心积累起来，总会在山重水复之后迎来柳暗花明的会心一笑。育明的作业，布置得很经典。虽然说不算少，但几乎每篇练习册、每张练习卷都是老师做在我们前面，为我们甄选的。对症下药，指哪打哪，不可谓不爽也。概括来说，就是每学一天，每上一堂课，每做一篇题，我都感到自己比原来更厉害那么一点点。

育明的老师非常重视学习方法以及学习心态的指导，意在给我们自己挖宝的力量。他们不光告诉我们"what to learn"，还为我们点明"how to learn"。化学老师说："这种题你见过他没见过，你就赢了。"因而我们知道了题海战术基本的作用。地理老师说："学地理，你永远无法穷尽地理题。"因而我们悟到了"学霸题海里游出一身肌肉，学神题海里踏出一条大道"，即刷题永远不是最终目的。语文老师有言："语文题最终来自于课内，不会答题就是课文没学到位。"以及"知识要落到实处"。我们由此明白文科并不是玄妙的学科，学它亦有道。诸如此类不一而足。学习方法因人而异，老师们也是因材施教。每次与老师的交流，我都会受益匪浅而且信心满满，原因并不仅仅在于批评或表扬本身，而在于老师们采用的思维永远不是"a fixed mindset"，而是"a growth mindset"。他们相信每个人的未来都不是个定数，每个人都是"宝藏男孩儿"和"宝藏女孩儿"，只要奋力求索，总会遇见更好的自己。

当我站在育明的操场上，呼吸着青草气味的空气，仰望着一碧万顷的远天的时候，我身上的每一个细胞都为身处育明感到自豪而幸福。重点高中是竞争激烈的地方，学习是一场劳累而艰难的苦旅，但育明却是一个充满情怀的地方。我们的班主任程姐说，我们都是她的骄傲，不是因为我们会考上哪个大学，而是因为我们会拥有好好生活的能力。物理老师把学校里樱花盛开的图片放在网课PPT的封面上，告诉我们："花儿都开了，开学的希望还会远吗？"数学老师用很温柔的声音说："小伙伴们别掉队，我们一起加油哦。"她们让我开始思考一些终极的问题，比如说我们为什么要学习，比如乐观与希望、温暖与关怀这些东西的来路与归宿……

这些都是一生的馈赠。还有这么多志同道合的同学，对学习有着各不相同的理解，但都有如出一辙的热情；以及一个如此人性化的高中管理体系，让我们的声音能被听见，诉求会有答复……当然，最最让我惊喜的必须是二食堂的自助餐啦，没有之一！

我和我们，会在热爱的育明，向光而行。不辜负最好的时光，成为更美好的自己。

班级里挑选出这样的榜样，很容易成为班级里的核心力量，带动大家一起前行。挑选完成之后要培养他们的自信，老师要给这些核心力量们足够的信任和尊重，激发他们的自信，让他们更有责任感。同时要教会他们管理班级的方法，和他们一起明确班级的定位，梳理班级成员的特点，分析可能遇到的问题，落实管理的细则，做好细致的分工。接下来密切关注，发现和记录问题，但不实时干涉，观察他们的调整和反思的情况，然后点拨探讨，他们的成长自然会带动班级整体的提升。

以班团委为核心，健全组织架构，尽量做到人尽其才。在组织架构中，不要忽视小组的作用。这是班级最基层的组织，看似小，作用大。小组人员的搭配、小组长的选择都很关键，小组相当于房屋的地基，它的稳固支撑作用相当重要。当然，班级永远处于动态的变化中，班主任不能完全"垂拱而治"。武侠小说里的高手，手中无剑，但心中有剑，高手班主任要学会"隐身"，但影响无处不在。

二、开好班团会

班团会是很好的教育形式，尤其是新班级组建后的第一次班团会，要精心设计，要展示班主任老师的能力。所谓敬爱，学生对你有了敬意、佩服，就很容易产生爱。要通过班团会传达你的理念。这是塑造班级灵魂的好机会。通过班团会，让班级同学凝心聚力，产生对班级的认同感，拉近彼此距离。古人说"白头如新，倾盖如故"，要让学生和老师、学生和学生一见如故，班团会氛围感的营造很重要。

这是 2015 届 4 班入学后师生共同设计的第一次班会：

【我，我们】

一个月前，我们还未曾谋面，各自过着不同的生活。每个人都只是独立的"我"。而当相遇，单独的"我"终于汇成了共同的"我们"。

该如何展现这种汇聚呢？幻灯片？照片拼贴？我们想到了用实体的展板来展示。同学外出定制了印着"我们"字样的泡沫板，为了演示"汇合"的效果，我们又把字的每个笔画切开，分到不同的同学手中。每一片，代表一份过去的记忆，代表一个"我"。

于是，当音乐响起，同学们依次将自己的一片泡沫块贴到展板上，便如同朱笔轻落，一笔一画，现出"我们"二字。就像我们，每个人也许只是一点一画，如今聚合，便已完整，不再孤单。

【育明，我们心底不灭的信念】

我们因为一个共同的梦想走到一起，它将几十日几百日地充盈于我们的心间。

可惜的是，报考前来学校参观的照片没有留下，那段满怀憧憬的日子要如何再现，成了一个关键的问题。

最后，同学们拿来了从前的校服，红橙黄绿蓝，穿上它们，仿佛又嗅到了熟悉的气息，回到了那段日子。站在展示栏前好奇又美慕地阅读，踮着的脚尖一如那时在操场上一圈圈流连，似乎又感受到了那份欣喜。镜头将这些时刻定格，今日的笑靥与那日的心情合并。

播放照片的同时，同样采用了实体字拼贴的方式拼出"育明"二字。那醒目的红色是我们圆了的梦，也是一个新梦的开始。

【4班】

"4班"于我们有着超出数字的意义。因为班主任老师曾送走三届4班，创造了辉煌的成绩。而我们即将向着那个高度去实现属于我们"4班"的辉煌。

老师发来了原4班的照片与视频，那份温馨让我们憧憬，那是4班的过去，温暖动人。

而我们虽相遇不久，却也有着不少共同的记忆。军训照片映出了一个个艰辛或快乐的瞬间。军训、午饭、放学……一幕幕也是同样的温馨。同学们熬着夜把照片剪辑成视频。这，是4班的现在。

主持人的提问是这一环节的一大亮点：军训时的小故事，寝室生活的趣事，同学间的小看法。轻松愉快，这便是我们在一起的时光。

【家】

来到这里，我们相聚便成了家。那些缘分，那些温暖，那些酸甜苦辣麻。

结尾的诗朗诵，我们付出了许多心血。一首小诗，改了又改，在老师的帮助下，韵味无穷。多重声部，领读伴读，温暖又气势恢宏。

"曾经，我们是一些零落的点，独立，孤单"，过去的记忆已纳入收藏，崭新的一页已然翻开。

"多少次挑灯夜战，育明，是我们心中不灭的信念"，我们因为同一个梦想相聚，一起踏上另一段圆梦的征程。

"你我稚嫩的笑脸，依如那日初见"，在那个明朗的清晨，我们初见，却未料想那一眼便开始了三年的故事。

"几十个日日夜夜，我们心手相连"，已然相聚，共度春秋。

"名师为伴，一路向前"，我们将携手拼搏，共筑明天。

"育明，我们远航的起点。"

"4班，我们永远的家园！"

就此，来自18个不同的学校的49张年轻的面孔，一起开启了崭新的高中学习，而这样的一次班团会，就为这个班级的同心共情奋进打下了坚实的基础。班团会是学生策划组织的，我作为教语文的班主任老师进行了指导，让班会增添了美好的诗意。我觉得，语文是我的老师，是我班主任工作最强的支撑。

三、重视大型活动

教育有契机，抓好契机会有奇迹。班级要参与的每一次大型活动其实都是很好的契机，可以铸魂，可以提升。比如运动会，在平时如何强调同心协力都不如一起打一场比赛。想让学生们切实感受到要永争第一，不能轻言放弃，要团结友爱，要做个英雄，要有集体意识，就把他们送上运动场。一次大型活动的策划组织，能够检验出班主任选择培养的班级核心力量是不是过硬，能够看出班级有什么样的隐患，能够看出众"生"百态。

我带过的"4 班"留下了好多财富：教师节录制的小视频、以新闻联播的形式庆祝我的生日的光盘、高考结束班级拓展活动的策划书……这些都是令我感动的心头爱，也是我之后带班组织大型活动时新班级的学生们学习借鉴的"样板"。认真组织的每一次大型活动，都能见证学生们的成长，也是班级凝聚力的一次提升。

2022 年 6 月，我们班级负责在全校升旗仪式上的演讲，这是新班级成立后的第一次大型活动，全班一起精心挑选了升旗手。我和孙智华同学一起推敲演讲稿，一起练习演讲。升旗仪式前，我们在班级里进行了模拟训练。然后同学们一起讨论，从升旗手的仪态、表情到演讲者的语速、语气、情感控制，大家发现问题，升旗手和演讲者做出调整。在正式的升旗仪式中，升旗手和演讲者的表现都很惊艳，受到了全校师生的好评。全班也在这样的大型活动中收获颇多。同学们学会了如何精益求精地做一件事，大家的团队意识、集体荣誉感都得到了提升。

第二节　塑形

一、打破模式与建立规则

打破模式意味着不要因循守旧。有经验的班主任尤其要注意，原有的经验是有用的，原有的模式和规则却不能完全"拿来"使用。因为班级的主体是学生，这一届学生和那一届学生一定是不同的，照搬就相当于守株待兔、刻舟求剑、郑人买履。

　　我已经送走了八届毕业班。由普通班到文科班或是各层次的理科实验班，我带过学校所有的班型，深深体会到带班绝不能模式化，要"随生而变"。这个理念至关重要。

　　水无常形，但班要有定规，要建立符合这个班级特质的规则。这套规则要强化常规，比如时间观念、集体意识以及中学生该遵守的一般规范。同时更要有本班的个性。尤其是在分层次教学的背景下，如果是基础班，那么班级的常规管理要细致，要好量化。如果是"火箭班"，班级的规则就不用在常规管理上细化，而应该在引领方向、树立目标、促进交流合作等方面下功夫。进行基础班的小组设计时要费心思将能引领的学生、肯配合的学生和自我约束能力不强的学生搭配好，还要关注团队的共同学习能力。而"火箭班"的自由度可以高一些，可以以他们自主选择为主。

　　这里不给出我的班级规则的范例，因为范例也是模式。建立什么样的班规，要看带的是什么样的班级。

二、传达理念和形成文化

　　好的班级，要有其特有的理念。这些理念要能够被学生接受，迅速凝心聚力，形成班级的独特文化。这样的班级才是一个有生命力的集体，学生才能一起向未来进发。这些理念要具象化，然后才能形成文化。班训是班级理念的直接表达。班主任要引领班级成员的思想，然后达成共识，提炼出有文化特点的班训。班徽是班级理念的艺术表达，一定程度上影响着班级的审美。

　　这是2017届赵梓铭同学设计的班徽：橙色关联我的姓氏和成功两层含义。雄鹰是这些精英学子自身隐喻，数理1班的班号用拼音和数字

体现。"1"字下面小火箭形状的处理，寄托着向上的渴望。

审美能力是一种重要的能力。对学生的成长影响深远。所以班主任应该重视营造班级的文化氛围。

还有一些基本的理念，比如尊重。它是师生之间、生生之间友好互动的前提。尤其是在解决青春期早恋问题的时候，依据不同学生不同的特点，有的放矢地做工作会事半功倍。我会定期和学生进行单独交流，依据各自的特点进行教育，这对他们的成长起到了很好的作用。

另外，班主任要意识到，组成一个班级的成员不仅有师生，还有家长。教师的教育理念要传达给家长。这样才能形成教育合力，共同推进班级前进。但这种传达，不应该是居高临下的指教。我是班主任老师，同时也是一个妈妈，在2022年3月疫情期间，很多家庭出现了亲子关系紧张的情况，我和家长们分享了我的体会。

教之以方，爱依其道
——如何构建和谐的亲子关系

这个春天有点儿冷。雪雨相接，疫情又至。我们只好后退，退回到斗室之内，退回到屏幕之前。

家的作用在此时更加复杂而重要。它不仅仅是生活的空间，也被拓展成了工作和学习的空间。复杂就带来了混乱。既是工作中的"社会人"，又是孩子的父亲母亲，我们无法在方寸之间转换自如。原来的岁月静好，突然间变成了鸡飞狗跳。

如何构建和谐的亲子关系，尤其是在疫情期间？

这是一个专业的问题。我不仅是一名语文老师，我还是一个妈妈。儿子阳光健康，对我依恋信赖。做妈妈，我还算有些心得，但仍然还是在路上一边探索一边体味，所以我分享的只是心得，不是什么成功的经验。

第一，家长要成为一束光。

人生这么短暂而又艰难，为人父母，我们自己要努力活成一束光。不是一定要成功，每个人对成功都有自己的考量标准，我们没有办法给成功下一个准确的定义。我自己认为成功是要专注于自己所做的事情，不仅要投入时间，还要投入情感。让自己在自己的领域能够有卓然自立的能力，有尊严，有自由。如果我们自己可以发光，就不用期待被别人照亮，不会把自己的执念自觉或不自觉地施加到孩子身上，给他沉重的压迫感。

然后我们还要知道，我们只是一束光，不是太阳。不要过于耀眼，不要刺伤孩子，温暖才是我们的力量，不要给孩子强烈的逼迫感。尤其是疫情期间，我们每个人肯定都有压力。一个成熟而理智的成年人，不是不能焦虑，而是要学会和自己和解，和生活和解。既然无法改变，一定先冷静接受，再想办法把自己的状态调整得舒服一点儿。

我想，父母明亮、温暖、乐观、健康，孩子就一定会有足够的安全感，会对未来满怀希望。

第二，家长要学会表达爱。

孟子说："爱人不亲，反其仁；治人不治，反其智；礼人不答，反其敬。行有不得者，皆反求诸己。"孩子不听话，是我们和他不够亲近？是我们不够智慧？他们近乎无礼的背后是我们的不尊重、不平等？

虽然血浓于水，但是人世间任何一种关系如果想水乳交融，应该都需要经营和维系。为人父母，没有爱是不太可能的。但是我们的爱不但要存之于心，付之于行，更重要的还要宣之于口。在这方面，我们可能会有所欠缺。我们中国人的爱，习惯上是含蓄的，是"桃李不言"。我们以为，我们不必说，孩子就会懂。其实虽然懂得，可是孩子或许更需要我们确定的爱，尤其是在他脆弱的时候。而少年，总是敏感而脆弱。所以人家才说，如果孩子从小笃定地知道父母爱他，那么他以后的人生，再大的风雨，他都有坚实的盔甲。

疫情固然让人苦恼，可是我们也因此能够如此接近孩子的世界，有机会从容地和他一起一日三餐，有机会和他一起听课，有机会和他一起做简单的运动，有机会看到他的努力或者懒惰，有机会认真地跟他说，你可真辛苦（真努力、真可爱……），妈妈可真爱你。

第三，家长要教之以方。

教之以方，这个方，首先是规矩方圆。人生来就是要有规矩的，没有规矩不成方圆。居家也要有居家的规矩。作息健康规律、学习的环境整洁有序，这是常规。衣着舒适得体、姿态端正，这是让自己有仪式感。对于这些方面，我们不能忽视。父母不能觉得孩子只要学习就行了，只要能学得好，其他一切都是浮云。其实一个优秀的孩子是内外兼修的，内的修炼因人而异，外却重在养成。走得慢的人，只要他在正确的路上规规矩矩地走，也比漫无目的地徘徊的人走得快。

教之以方，这个方也是方法。好的教育一定是有方法的。和孩子建立亲密关系首先需要良好的沟通。这种沟通应该是经常的，话题是宽泛的，是和孩子在很多方面都沟通，而不是只定点在他的学习上。话题可以是你的工作、爱好，这样可以让孩子更了解你，如果他感觉到你的优秀，在他遇到问题的时候，他可能更愿意相信你的判断。如果孩子出现问题，更需要良好的沟通，不能简单地训斥说教，父母需要以一种真正平等的姿态对待孩子，不是简单的"我为了你好"，也不是无原则的迁就，"你觉得怎样好就怎样好"，而是双方平等地对问题进行探讨，共同面对，一起解决。建立亲密的关系还应该培养一些和孩子共同的兴趣爱好，诗词歌赋、琴棋书画、各种运动、流行风尚，等等。和孩子能说到一起，玩到一起，我们的孩子大多是独自成长的，他需要玩伴。疫情期间，一起研究和制作美食其实也是一个好方法。

家是最小国。正值青春的孩子们需要扣好人生的第一粒扣子。教之以方，爱依其道，帮助孩子扣好人生的这粒扣子，我们家长责无旁贷。

家庭关系和谐，班级氛围和乐，孩子们就能更快乐地成长。每个班级的特点不同，所以班级的文化不会是固定的。其实学生们都能够健康快乐地成长，就是班级中最重要的文化。

叁 忙中偶记

为什么会开始写日志随笔，如今已经全然想不起来了。或许没有为什么，只是一个语文教师的本能，或是兴之所至吧。我没有著书立说的野心，写下这些文章，不是为了成为作家，只是想记录一些情绪，寻些小情趣的兴致。世界虽然那么大，但我笔下的人和事特别简单，里面的一字一句，都是真实的情谊。①

———————
① 这些文章里出现的名字，除了特殊标注的，都是我的学生。

第五章　个人随笔

第一节　且行且珍惜

特别感谢我的这份工作。我确实是付出了爱和努力，可是我的学生们不仅给予了我更多的爱和感动，还丰盈了我的生活，拓展了我的世界。这些文章是我记录的心情，算是以文留念吧。没能用文字记录下来的，其实也都记在心里。

且行且珍惜

如果有人做这样一个调查：你最喜欢的数字是几？

恐怕我是与众不同的。

李白说"天地者，万物之逆旅"，那么对于老师来说，学生者，不过是讲桌前之过客。至于班号，自然只是代号而已。

可我有情结。4班，是刻在我心上的印记。我带的第一届学生，班号是4。为了应对当时的高考，我们分班分得极其细致。在原来的分层次教学的基础上，理科还细分为物理倾向和化学倾向。本来我们是5

班，这么细分之后，我们成了物理班，班号变成了4。

那是我也正青春的时候啊，真诚地爱着，却难免不够成熟。幸运的是，学生们懂得我的真心，忽略了我的不够成熟。后来他们长大了，已为人夫，为人妇，为人父母，有一些如今已经儿女双全。虽然时空阻隔，世事纷繁，难以时时联系，可是心中不曾忘记。

我和4班有缘。以至于后来每每要接一个新的班级，我都十分忐忑和期待，如果知道班号是4，我就如同中了奖般满心欢喜。

而果然，我先后带了好几届4班，不但班级样样出色，更难得的是我们师生都互相喜欢。

2012届4班，是4班里面最特别的一届。

我一直觉得我这么平凡的人，有这样一份安稳的工作，过的也是波澜不惊的日子，和学生之间，也是细水长流的爱。可他们，却是我的波澜壮阔。

每次打开衣柜，我都会习惯性地望一眼那件旗袍，温暖就会在心里慢慢地化开。这件旗袍我只穿了一次，那天是我的生日，我从没跟学生说过我的生日是哪一天。那天下午我回教室看自习，一切都和往常一样。可推开教室门，入目是讲台上用果粒橙摆放成的巨大的心形图案。在生日快乐的祝福里，他们开始互相涂抹蛋糕，然后演变成一场蛋糕大战。我的这件旗袍上被抹上了好多奶油，后来我把它洗好挂起来，不舍得再穿，我固执地认为这样就可以一直嗅得到那天奶油的香味。

我本来就很少看电视，以前偶尔看看新闻联播。那次教师节之后，新闻联播也很少看了。因为看着看着，主持人那端庄的国脸就变成了拉长脸的小洲和拉长脸并吐着舌头的安旭。其实我知道和他们在一起的最后一个教师节可能会收获惊喜，可没想到这次居然给我的是震撼。以新闻联播的形式给老师们送上教师节的祝福，这创意估计是前无古人。还有他们录制的光碟，又搞笑又感人，我总是笑着笑着就流下泪。终究还是会分离。我和他们的人生都会继续前行。我会有另一批学生，他们会有另一种生活。可这一生什么不变呢？濯足水中，抽足再入，已非前水。离合难料，聚散随缘。他们是用这样一种方式告诉我，留不住时光，所幸我们还能留住记忆。

毕业十年，现在已经散落在天涯的他们，仍然是我心里阳光热血的少年。

其实在之后的教学工作中不是没有艰难，之所以能一直保持温暖明亮，是因为和他们一起经历的那些美好的曾经，是我的给养。

爱4班，爱4班的孩子们。既然每一段同行，都注定要分离，那么一定要且行且珍惜。

（2011年3月）

且等春来

拉开教室的厚窗帘，银蛇乱舞、柳絮随风。今日，大连，初雪。

古人是相信祥瑞的，譬如白乌飞落、麒麟惊现、灵龟出世、龙凤呈祥。那么瑞雪丰年便也可算是吉兆了。

这不是迷信，是祝愿。

都说吉人天相，何况这些孩子们，他们一直在为梦想执着努力。

他是当之无愧的学霸。我总是记得两年前这个班级正式组建后的第一次考试，我随意地逗他："听说你过去一年总考年级第一，这也没什么新意啊，这次你能不能领先第二的20分以上？"他一脸谦和地笑，答案却掷地有声："老师，我能啊！"旁边的孩子叹服唏嘘，我藏不住自己的惊喜，不是因为他能考第一，而是从未遇到这样的孩子，将谦和与霸气融合得完美。他是物理奥林匹克竞赛国家金牌的获得者，他能将《六国论》分析得鞭辟入里。他能诚心诚意地帮助同学解疑，他能停课接近一年回来参加考试还是年级第一。曾经只差 0.8 分就可以保送，我想他一定也流过眼泪。可转过头来，他已经坐在教室里，静静伏案，奋笔。这样的少年，我想，他的前方会藏着惊喜。

我总觉得女孩子无论多少，都能影响班级的气质。数理班的女孩子不多，可她们个个了不起。她个子不高，脸圆圆的，爱吃肉。他们叫她球球，她一点儿不恼。我听过那么多次开学典礼上的学生发言，各有各的优秀，可或多或少都让人觉得太文采飞扬慷慨激昂了些，她的演讲，是入心的，轻松、温润、回味绵长。另一个女生个子也不算高，瘦瘦的，不爱笑，好像就显得高了一些。那么瘦弱的身体里，住着的可是一颗特别强悍的心。物理竞赛那么难，她是女孩儿里的第一。还有一个女生是美术特长生。一般的美术特长生在普通班成绩都不会太突出，而她竟然考进了数理班。明明可以靠特长，可她偏偏要靠实力。班级里的女孩儿们，她们容貌有别，性情各异，可是自爱和自强却如出一辙，绝无两样。

他们是学霸，同时样样都不差。学生们笑称校团委、学生会、文学社都是数理 1 班的家族产业。

校学生会主席是个漂亮姑娘，看起来温婉和气，可雷厉风行。团委副书记是个大男孩儿，总是笑眯眯的，说话也特别和气，化学竞赛金牌选手合影，保送北大的他笑得像一朵小花。班级里还有三个学生会副主席，若干个部长，还有若干个副部长。真是群英荟萃。

校篮球三对三，冠军。校女足比赛，亚军。校运动会，季军。那些戴着眼镜，安安静静的孩子们，一眨眼，就成了赛场上的一阵风。

课本剧大赛。上一秒还是歇斯底里的繁漪，道貌岸然的周朴园，饱经风霜的鲁侍萍，天真烂漫的四凤，矛盾焦灼的周萍，转瞬间就回到教室运笔如飞。

他们豪情飞扬，他们说我要当班长，我要做体委，我要管理自习。他们从容沉默，他们说班级需要做什么我就做什么，什么都可以做也可以什么都不做。他们愿意负责电脑管理、维修电脑、接收文件、填报各种材料，他们愿意每天给班级搬运桶装水，他们愿意在篝火晚会大家去疯玩的时候默默地收拾残局。他们只要做，就尽心竭力。

遇到他们，我才发现，越是聪明的孩子，竟然越肯努力。

大连，初雪。雪里已知春信至。此花不与群花比。

且等春来。

（2017 年 5 月）

刚好遇见你

我小时候，不喜欢过中秋节。理由特别充分——中秋节吃月饼，我不喜欢吃月饼。

直到有一年大家吃月饼的时候妈妈给了我一根麻花，我才觉得这个节日也算差强人意。

小时候的肆意任性早被时光打磨得平和规矩。尤其是有了"朋友圈"之后，按照它的指引按部就班中规中矩地不漏掉任何节日。

麻花有几年没吃了，向之所欣，抵不过时间俯仰，也或者向之也未必欣，聊以替代罢了。

月饼却是中秋必吃。

在这个陌生的乡村停留，因为恰好中秋，我们需要找到一个可以买到月饼的地方。

站到那么高的地方，是为了彼此不错过吧。据说今年闰月，枫叶红得比往年要晚一些。在漫山碧色之中，你用满树燃烧的火焰，招引着我。路是碎石土块铺就，间或是丛生的蒿草，一些生长在不知名的杂草上的并不十分尖利的小刺，从我的手边、脚踝划过。我用尽心力，却也不能离你更近一点儿。隔开我们的，是一湾碧水，比任何翡翠都要翠绿得多，太绿了，便不知深浅如何。我在水边看你，你的每一枚叶子，都红得透彻。风深情地吹过，阳光轻盈地跳跃。

本来以为，你在等我。

突然想到"大蔽数千牛，絜之百围，其高临山十仞而后有枝"的那棵社栎树，于是明白，你原是你，恰好是我。

于是豁然，不必靠近，不必怀恋。最深的缘分，就是在你最美的时候，刚好遇见你。

运动会上，一个女孩儿红着脸忸怩地走到我面前，另一个女孩儿在旁边笑，带着一脸善意的戏谑。红着脸的女孩儿说："老师我忍了很久今天必须告诉你，我特别喜欢你。"我善解人意地笑，拉着她的手说："你们玩什么游戏你输了？真心话大冒险？"女孩儿的脸更红了，连眼睛都红了起来："老师，我没玩游戏也没输，我是真的喜欢你，我觉得遇见你我的人生都圆满了！"

轮到我手足无措。先是因为自己自以为聪明的推测轻慢了她的真心，然后是因为她说的"人生圆满"。

我该怎么告诉她。人生那么长，却未必有完满的相遇，以为的全心全意，或许不过是暂得于己。最美的际遇，也不过是在那样的匆匆里，刚好遇见你，刚好爱过你。又或许，这就是所谓的"人生圆满"？

中秋的月色毕竟不同于平日。秋风萧瑟，就更是"寒浸十分明月"了。有多少团圆，就有多少分离。有多少圆满，就有多少遗憾。月亮圆了就缺了，聚着聚着就散了。那么是不是该说，莫愿人长久，曾经共婵娟。

（2017年10月）

若遂平生志，勤向窗前读

关于读书，我和学生们是那么不一样。

当年，我喜欢读书，实在是因为没有什么事儿可干。没什么作业，没什么娱乐。如今的你们，要学习，要竞赛，要发展特长，怎一个忙字了得。更重要的是，你们有很好的生活，很好的平台，或许不需要通过读书来改变什么。

那么你们为什么要读书呢？

我们来到这个世上，总要看看阳光。这个世界太大，无论是谁，都无法用脚步去丈量。但用书可以。

这个世界充满了不确定，人行天地间，终不过是踽踽独行客。我们渴望的同行、偕老，我们的向之所欣，终究敌不过世事变幻。没有一个人，会完美地契合另一个人。但总有一本书可以。

正是因为你们的平台很高，托底的人是自己才好。所以你们需要知道，在历史的烽烟或是未来的浩渺中，有什么样的人，什么样的事儿，你们才会更知道自己要成长为什么样的人。

读书之乐何处寻？数点梅花天地心。

心中有天地也好，有自己也好。我们来到这个世界，总要试试成为阳光。照亮天地也好，照亮自己也好。

（2020 年 6 月）

送君不觉有离伤

这么早就说一说别离，是不是就可以不那么伤悲。

如此看来，这的的确确是一个很好的时间点，离过去和未来，都不那么遥远。

教师是一个奇妙的职业。所有的开始，都是从离别开始的。

那是上一轮的离别。

我在学校处于装修中的一楼三角厅等待着学生们拿着录取通知书的复印件来领毕业证书。那个叫武博文的大男孩来得有点儿晚，黯淡杂乱的三角厅里我俩交接完毕的时候，他神神秘秘地打开背着的大书包，说："程姐你看！这是我从老家给你背回来的玉米。"我目送他得意扬扬的背影，从此便是和他们真正的分别。

分别的味道，原来也可以伴随着玉米的软糯香甜。

然后是和你们的开始。所有的开始，都值得真情相待。我用了一年的时间，你们用了一年的努力，我们从十二个班级里，起起落落地一路走到了这里。

这是一个放着一块写着"全村的希望"的小牌子的地方。

走到这里，我们总该要说一说荣光和责任。

你们一路走来，一路熠熠生辉。有的天姿过人，有的自律惊人。你们或许习惯了优秀，但你们未必知道，优秀是一种责任。对于你所在的这个地方，你们有传承荣誉、创造辉煌的责任。这里不够丰富，但却在竭尽所能地给予。这里不够完美，但却在殚精竭虑地努力。孩子们，不要懈怠，浪费粮食可耻，浪费天分可悲。能力越大，责任越大，壮心需与年俱长，家国之志当凌云。

优秀其实也是惊扰。所以，你们要学会和自己和解。彩云易散琉璃脆，大都好物不坚牢。应该执着，但不要固执。去年冬天，下了好大的一场雪。你们堆了一个挺丑的雪人。怕它化了，你们把它从教室抬到了操场。当然它最后还是化了，可我们围着它照的相片留下来了，我们因为它而产生的快乐也留下来了。

风尘天外飞沙，日月窗间过马。

走着走着，鲜活的现在就成了回忆。别人太强我太弱的口头禅，夹了小纸条的棒棒糖，沾着泪水的道歉信，给成年人的大大的拥抱，和主人一样漂亮的叫小夏的小猫咪，大大方方到教室里找姐姐的小妹妹，运动会上高擎的班旗，新年联欢会抽到的喊爱我的任务书，还有你们对我的儿子的爱屋及乌……

想必，很快我就会在已经装修好的窗明几净的学校里等你们拿着录取通知书回来。

想必，那时你们心里是胜利喜乐，我也会慢慢地咀嚼别离的味道。

痛饮从来别有肠，送君不觉有离伤。

（2020 年 8 月）

愿君常少年

“东风吹水日衔山，春来长是闲。”

春山可望，春水可临，春花可赏，春雨可听。春天和闲人，该是金风玉露一相逢。

我不是闲人，今日做的却算得上是“闲事”。

在这样一个烟雨迷蒙的春日，我将自己关在了文学社的小屋子里，把现存所有的杂志一本一本铺排在眼前，一本一本地翻看。

看着《七彩石》更名为《育明人》，看着当年近在身边如今各自天涯的那些人，看着记忆里的名字，看着我以为早已模糊的往事。

突然就更深刻地理解了乔特说的，唯书籍不朽。

所以司马迁"肠一日而九回"，汗倏忽便透重衣，却执意著史；苏东坡屡遭贬谪颠沛流离，却坚持为文。孔子韦编三绝，李贺呕心沥血。

唯书籍不朽！文明因此得以延续，文化因此得以传承。

如此看来，撰写，编辑，设计，出版，虽斟字酌句之小事，实经天纬地之大业。

感谢当年的育明人和《育明人》，将时光镌刻在篇章里，把流年安放在文字中，让青春在墨香里葳蕤蓬勃。

少年意气，见贤思齐。如今不过二十载的《育明人》正值芳华。正在编撰刊印《育明人》的育明人也是"颜色正青春"。文章千古事，少年当为之。

年轻，便有了无限可能。不必求高山仰止，不用想包罗万象，向光而行，择美而录，足矣。

沈从文说，凡是美的都没有家，流星，落花，萤火，最会鸣叫的蓝头红嘴绿翅膀的王母鸟。

一颗流星自有它来去的方向，我也有我的去处。是的，你们和我们都终将有自己的去处。所幸的是，有共同的前缘和一样的来路。在育明，在《育明人》。

彩云易散琉璃脆，可如若心怀热爱，或许总能留住一些美好吧，在年轻的《育明人》，在年轻的育明。

古人殷殷告诫，青春须早为，岂能长少年。可年轻，不仅在于年龄更在于心灵。镜中秋霜落，心事可擎云。

如此说来，纵见青山老，愿君常少年。无论《育明人》还是育明人。

（2021 年 3 月）

雪满滨城道

今年的初雪并不算太早也不是很迟，它只是恰巧和立冬一起到来。

2021 年立冬的时间是 11 月 7 日 12 时 58 分 37 秒，这场雪在傍晚随之而至。

我见到它的时候已是第二日清晨。拉开窗帘，外面的世界是李白的诗：应是天仙狂醉，乱把白云揉碎。

很多人会为下雪烦恼。出行不便，生活不便。可我还是喜欢下雪，尤其是大雪。

之前我没想过为什么，这份喜欢可能也没有为什么。

雪有记忆。它知道曾经陪你一起看雪的人，是否在你身边从没走远。你在雪上写一行字的时候，它就知道是谁留在了你的心里。

小时候的雪特别大。从我家到所在的初中有一片菜园，那是去学校的近路。我刚上初一的那个冬天下了特别大的雪，那个菜园有特别高的坡，我穿着厚厚的棉衣棉裤，小心翼翼地走到坡的最高处时滑倒了，坐在地上顺着坡摔回起点，偏偏很多上学的同学都看见了。当时自己觉得特别丢脸。

当年看着我丢脸的两个伙伴，至今还陪在我身边。她俩一个国庆节给我带了两箱我爱吃的老家的大枣，一个昨天非要寄给我她的同事推荐的她觉得好吃的牛肉酱。我心里感念近些年她俩越发对我好，或许是她俩觉得我这样从小到大一直稀里糊涂的人很难遇到，特别值得珍惜。

我们的情意，雪都记得。

雪有温度。

"晚来天欲雪，能饮一杯无？"

有人可问，心里便是暖的。

"于千万人之中遇见你所遇见的人，于千万年之中，时间的无涯的荒野里，没有早一步，也没有晚一步，刚巧赶上了，那也没有别的话可说，惟有轻轻的问一声：'噢，你也在这里吗？'"这差不多是张爱玲最亮色的句子了。可若细细揣摩，其中的苍凉寂寞会一点儿一点儿浸入你的心。

如若是于千万年之中，时间的无涯的荒野里，没有早一步，也没有晚一步，刚巧赶上了，恰好又是漫天飞雪，我们问上一句："嗨，一起堆个雪人吧。"

那该是永远的快乐与温暖。

当然，我没有见过比号称"非同1班"的孩子们堆的更丑的雪人。他们第一年还扬言是按照青林主任的样子堆的，非让我去操场看，后来还用桶抬到教室，美其名曰当面比对。我当时也没料到第二年的雪人会更丑。我以为他们没什么退步空间了。然而他们总是能给我"惊喜"。

如果正常上学。我想，我一定会让他们去操场痛快地和雪玩一场。当年学《将进酒》的那节课，天降大雪。我立刻偷偷带着我教的上一届5班去操场上课了。

可惜，和这场雪一起来的是疫情。

接到继续线上授课的通知，我赶紧回了学校。其实我的教学用品都带回家了，这是之前养成的习惯。我打印好了一些小纸条。只有简单的几个字："要平安。要健康。要好好学习。"我郑重地把它放在教室里的每一张桌子上。

我们的世界下雪了，心里要有很多很多温暖才行。

"吹灯窗更明，月照一天雪。"打开窗，就是现在，有雪的窗外，依然很美。

有人陪在身边。有人留在心里。

有酒可饮，有事可做。

浮生未必樽前老，雪满滨城道……

（2021 年 11 月）

第二节　忽如远行客

"一花一世界"，人心也是世界。这个世界里，有看过的美妙的风景，更有留下的人。这些文字里，是我的亲人、玩伴、同学、同事，我是多么幸运，我的世界里，有这么多美好的人。

浮生多事，还好我认真地爱过很多人，甚至还有一棵树。

爱上漂移

这个冬天因玛雅人的预言而神秘，可儿子不懂得什么是末日，他推测末日大概会比平常黑得早一点儿。

儿子格外地快乐，是因为这个冬天时常飘雪。

先是常规的堆雪人，打雪仗。雪仗有一次打得异常惨烈，小小的儿子被我按在雪堆里，等爬起来，就成了一个活动的雪人。

雪下得多了，一整个冬天，路上差不多都结着冰。行走得小心翼翼，偶尔我在小区的冰路上滑行，儿子看了极其兴奋，立刻效仿，但是滑不起来。至此之后，他固定的节目就是在跟我回家的路上专门挑有冰雪的地方试图滑行。

今天下午他没有课，玩伴们又各有各的事，他只好跟我一起了，通常是在我办公室做点儿题，再讨价还价地玩会儿电脑。

走在回办公室的路上，阳光出奇明媚，让人真不舍得辜负。

我们决定在外面玩一会儿。儿子想玩球，回班级却只找到个毽子，好在儿子比较变通，我们的踢毽组合吸引了一些大孩子，变成了团队，儿子进步迅速，很快就能踢到毽子了。大孩子们要午睡了，儿子意犹未尽，可毽子已经被踢坏了。于是我们想去买个新的。

走出校门，校门前因为阴冷的缘故有一小块冰面，儿子按惯例在上面尝试滑行。我突发奇想，在附近的大学里，我经常散步的路上有大片的冰面，何不去玩一会儿？说去滑冰，儿子乐得直蹦，让我低头在我脸上亲了又亲。

这一路，儿子兴致勃勃，如同不是去滑冰，而是去寻稀世的珍宝。

这所大学游泳馆的右边是一片平整的空地，不是人行路，而且不朝阳，简直是冰雪的天堂，冰面没有被践踏，而且会相对长久地存在。现在我们就站在那里。

儿子欢呼雀跃，在大片的冰上滑起来，当然是一步一顿，我在心里偷偷地笑话他，并且准备好用手机拍他笨拙的样子。镜头之中，儿子竟然滑起来了，随之而来的是他的欢呼："妈妈，妈妈，我漂移了……"

漂移……这真是一个有创意的词，听得我满心快乐。"今天是我的幸运日啊，妈妈！"这个小小少年在冰面上一边忙着"漂移"，一边大呼小叫："拍一下啊，妈妈！我预测我会摔倒，你快拍下来啊！"我嘴里大声地答应着，心里有些沉醉。

这一大片冰面冰清玉洁，薄厚均匀，温润通透，冰面上银光闪烁。冬日的阳光温柔地撒下来，到了这儿悄悄侧过些身子，于是光明朗照之下，温暖包围之中有了这么一块清凉。

我的那个小小少年，正在一心一意，不断改进自己"漂移"的技术，竟然已经能像一阵风一样从我身边唰地一下滑过。

漂移……原来这个活泼欢脱的小男孩儿一直在"漂移"啊。

曾经他在我的肚子里耐心地住着，后来肯定是忍不住所以"漂移"了出来，然后在我的怀抱里再次"漂移"，再然后是在我的视线里"漂移"。

想起那首歌："小小少年，很少烦恼。眼望四周阳光照。小小少年，很少烦恼。但愿永远这样好。"

我的小小的少年，你注定要长高，注定不能永远简单快乐没有烦恼。

而最爱你的妈妈，所能做的，就是倾尽全力，让你爱上"漂移"。

（2013 年 1 月）

致青春

窗外是迷离的烟雨，窗内是满教室的青春。毫无征兆地，眼前浮现了她的脸，那样地清晰。而我突然完全想不起她的名字。她是我青春里最好的朋友之一。我吓得泪落如雨。

提笔。我怕真的会忘记。

小白楼还在。我们的教室是它前面的一排平房。我们四个经常手拉手耀武扬威地走过，平房前面经常并排地站着一些男孩儿，他们大声地讲话，偶尔还有口哨响起。

在我最青春的时候，我没法儿做一个安静的女子。

老师安排我俩坐在一起。每天早上我一般早到一点儿。当我翻开书，她一定刚好坐下来，开始和我说话，话题由起床早饭到一路见闻。直到上课，我的书都不会翻动一页。有时也包括上课。我们是在四年级的时候遇到，然后就差不多知道将会是一辈子的朋友。我们知道彼此最隐秘的快乐和最深的伤痛，然后不必分享，绝不触碰。

她的名字叫敬，她美得温暖，就算穿一身警服，也无法让人敬而远之。从小我就知道，她可以一直安安稳稳地幸福着。

她美得冷艳。她也叫静。她安静，冷静。我们似乎一出生就是认识的。我们住在同一个院里。在我心里，她永远不变。直发飘飞，一袭紫衣。

写下小白楼的时候，总算想起了她叫小白。

严格地讲，她是小我一辈的我的亲戚，我最亲近的一个表嫂是她的亲姑姑。我上高一的时候，她来到我的身边。我总是被叮嘱要带着她好好学习。我带着她做过各种各样疯狂的事，却似乎不曾带着她好好学习。曾经在瓢泼的大雨里，我俩抢过前座男孩儿的衣服，义无反顾地冲进雨里，不是因为有什么愁绪，就是单纯地想淋雨而已。那些在我们吃饭回来路上吹口哨的男孩儿我从来不肯看他们一眼，她却会笑着看他们，而且口哨吹得比他们还响亮。

仔细地想一想，也算是特别认真地年轻过。

幼儿园到小学毕业，我还记得两件事。一件是幼儿园时和我家附近的一个有好几个姐姐的男孩儿打架。我是班长，他欺负同学，我说他他不停手，结果他被我打倒在地上半天起不来。他妈妈到学校门口找我，吓唬我要告诉老师和我妈，我竟然理直气壮地要拉着她找校长，她很显然被我吓到了，一顿安慰我之后匆匆离开。这是我这半生最骄傲的战绩。

另一件是小学四五年级的体活课，操场的树下聚了一些老师，热烈地讨论着什么，而且声音越来越大，我路过被叫了过去，他们一顿端详，然后接着讨论，我弄明白了，他们竟然在争论我和另外一个女孩儿到底谁更好看。我落荒而逃。

我初中的记忆里是各种书。《隋唐演义》、琼瑶、亦舒、汪国真，什么都看。我最喜欢的是古龙、梁羽生、金庸。喜欢江湖。在初中，没取得更好的成绩，还好留下了些书。我从不曾后悔。

后来就来到了这所普通高中。真好。在并不逼仄的空间里，我能够恣意地成长。语文老师讲古文，我总能理解得十分准确，于是老师经常让我替他讲，那是个特别和善的老头儿。自习课心情好或者不好的时候我会偷偷地溜出校门，在小河边静静地坐一会儿。小白经常会陪着我。

现在想一想，其实什么都不必纠结，只要还有岁月。所有的年少轻狂都会云淡风轻。千帆过尽，百转千回，都是风过无痕。

伙伴们最近常说我越来越好玩了。我认真地想了想，恐怕是因为我现在可以玩得起。感谢我自己些许的天分和这么多年很多很多的努力，让我可以选择认真地做自己。

因为认真地年轻过，我决心认真地老去。

（2015 年 4 月）

天凉好个秋

"梦里的人，为什么会梦到？"我竟然怀着特别虔诚的心情点开了手机的这条推送。然而却只是广告而已。

还是古人比较靠谱。王符《潜夫论·梦列》里将梦分为十种，"凡梦，有直、有象、有精、有想、有人、有感、有时、有反、有病、有性"。

我昨天下午想应该请鲁老师吃个饭，结果没找到鲁老师，晚上做梦梦见她了，这就是个想梦。日有所想，夜有所梦。

那么十几年前，我梦到白阿姨退休，我哭到醒来的那个梦呢？

当年那的确是做梦。

而白阿姨今天真的退休了。

今天帮她打印退休申请表格，组里工作交接需要我签字。落笔的时候我的确落泪了，却也远没当年梦里哭得惨烈。

少年不识愁滋味，虽然当年的我也不是少年。或许当年我觉得舍不得即是了不得的愁苦，如今懂得她可以自由自在实为不得了的喜乐。

世事短如春梦，人情薄似秋云。所以我记得有个"鸡汤"说，在这个薄情的世界里，要深情地活着。

白阿姨来学校上班的第一天，我俩在公交车上遇见。九月的阳光那么暖，白阿姨的笑就像阳光一样。儿子如今学无所成，她却为人温暖良善，我颇觉欣慰，恐怕也是沐浴着白阿姨家暖暖日光成长的缘故。

日往则月来，月往则日来，日月相推，而明生焉。寒往则暑来，暑往则寒来，寒暑相推，而岁成焉。

二十年的时光，岁月悠长。不必思量，也是难忘。笔头苦无佳句，心底幸有深情。

与君无限离别意。

却道天凉好个秋。

（2019 年 10 月）

且寄相思字

我相思的对象是一棵榆树。

从我们学校出西门，过马路，进入小区，途经知名的赵老大水果店，一路向前，到通向理工大学的一大段台阶前止步，左转，然后一直向前，直到无路可走，它就在那儿了。

当年，它就在那儿。

当年，应该是两三年前。小树和我遛弯儿的时候，它结了满树的榆钱儿等我们。

我经常被指责五谷不分，虽然是在广袤的农村大地上成长的，可一度我竟然混淆了榆树和槐树。我理直气壮地说我老家没有榆树的时候又被告知我自己家墙外就有一棵。我虽然心里很不服气，因为我觉得我家墙外的是桃树，但又怕愈发出错就忍住了没说。

那天见了这棵榆树，我就知道所有的分不清都不怪我。我向来不太在意细枝末节，自然很难靠叶片的形状去区分树，但像这样结了满树的榆钱儿，我自然就知道它是榆树，开了满树槐花的树，我也定会认出它是槐树。

这样看来，多少认不出，不过是相逢的时机不对罢了。

这棵榆树对我便很有善意，颇有真心。

这棵榆树上的榆钱儿，晚上便成了榆钱饼，我还做了玉米面疙瘩汤。在金黄的玉米面疙瘩汤上面，我洒满了嫩绿的榆钱。着实悦目，也实在清甜。

之后的一天，我竟然顺利地带着伙伴们找到了它。我确信我和这棵榆树很是有缘。

我自己知道，我其实是一个没有安全感的人。再喜欢的东西，如果需要我特别努力地去争取或者寻找，我便宁可放掉它了。

这棵树让我安心。这棵树原本就是家常的树。"桃李罗堂前，榆柳荫后檐"，古时修篱种菊的，多是隐士，凡人宅院，便多植桑榆，那是一种踏实的田园气息。不是珍稀物种，想必没人跟我争着喜欢它。更重要的是我找它的时候从没迷过路。那些甜美的榆钱儿能被我吃到肚子里，自然就永远和我一起，怎么想都心安。

于是之后的春天里，我都多了一些盼望。春风初起的时候，我便去看它，看它虽然未出新绿但枝条柔软，我便安心地离开。心里暗暗地数着日子，就算出去遛弯儿的时候也避开不再去看它。

我知道它希望我在它最得意、最美好的时候和它相遇。

去年春天，它长大了一些。我得把枝条拉下来才能摘得到榆钱儿了。我当然拉得小心翼翼。虽然不能像以前那样随手可摘，可我心里挺高兴它的成长。

那么是谁不高兴了呢？我直到冬天才发现它被锯掉了很大一截。我当然无能为力。可我相信它能。树根还在，我想，春天回来，它自然就长好了。

春天回来了。我算着日子，它应该和当初与我相遇的时候一样，满树翠绿的榆钱儿，在阳光下招摇了。一定会变矮、变小了吧，那又有什么关系，慢慢长就是了。只要有根在，成长不是一种必然吗？

可是原来离别才是人生的必然。

我来寻它，它的任何痕迹都没有了。它扎根的地方平整、光滑，和整个地面浑然一体。曾经吹过它的风在，洒在它身上的阳光在，它遮蔽过的栏杆也在。

它不在了。而且没有任何证据能证明它曾经在这里生长过。

我知道我不可能迷路。我知道它就在这里。我竟然没有机会和它告别。

"窅窅穷泉埋宝玉，骎骎落景挂桑榆"，白居易痛失知己，睹桑榆而泪落。"桑榆倘可收，愿寄相思字"，韩愈希望事尤有可为。我痛失白榆，且知道根断难生，再无可为。

但想到当年见过它的人未必会在乎这一棵树。如今和以后的人不知道这里曾经有过这一棵树。那么它便只在我的心里了。

如此也好。

（2021 年 4 月）

我的爸爸妈妈

我爸他当年是个热血青年。

农村是一个广阔的天地，在那里是可以大有作为的，于是我爸收拾行李从工厂回到了乡村。当然我爸说他也有私心。我爷爷被土匪绑了票，土匪发现他一穷二白放了他，可他被折磨惊吓，不久就去世了。家里我大伯和我奶奶相依为命。我大伯没读过书，性情也软弱可欺。我爸说我奶奶把他寄回家的钱攒着，打算给我大伯娶个媳妇儿。结果辗转托人找的那个女子在订婚前一天说要进城买衣服，带上了我奶奶攒下的全部家当和我大姑一起进城了，然后借口去厕所，甩下我大姑走了。我奶奶一气之下病了，好了之后身体就不太健康了。我爸放心不下。

我爸他正直刚强，识文断字通情达理，很快就做了生产队队长。据说他把他负责的那个生产队搞得红红火火。我记忆当中我爸他有时会出去学习或者是给队里买东西。我因此吃过他带回来的筋饼，还在小小年纪就有了一个家用电器——特别袖珍的手电筒。它让我在小伙伴面前倍感荣耀。

全队的人都喜欢这个年轻的领导者。我爸又要强能干又善良体贴。大家住得很近，谁家有大事小情都喊我爸去帮着张罗，谁家有吵吵闹闹都喊我爸去说和，谁家有好吃的都互相送一碗。艰难日子里人情却美好温暖。我们家住在一个大院子里，那时的娱乐活动是听评书。我的记忆力特别好，大人们干活不能按时听，他们回来我会一点儿不差地给他们讲一遍。夕阳下他们端着饭碗边吃边听，我有满院子的听众。我没想过长大了要干什么，或许正是这个经历给我如今当老师打下了坚实的基础。冥冥之中，看来自有天意。

那是我九岁的冬天。生产队每年冬天都要铡草。因为铡得多，用的是电动的大机器。那天天太冷了，我爸就让大伙儿进去暖和暖和，他一个人出去操作。天太冷了手冻僵了就没那么灵活了。我爸一不小心把右手搅进了机器里。

我爸失去了他的右手，那年他 42 岁，正值盛年。

我爸做完手术的一周后我才被带到医院去看他。我爸说没事儿，不疼。我记得我在他面前没掉眼泪，我当时在心里下了我人生中的第一个决心，现在不能哭，以后要争气。我记得那天走廊里的日光特别刺眼，我一关上病房的门就泪流满面。没能忍得再久一点儿，我当时很生自己的气。

我爸出院以后，不但很快就能用左手解决自己的生活需求，而且还能用左手做各种精细的活计。

我爸脾气似乎不如原来好了，可他还是最喜欢我，他一瞪眼睛我哥我姐就吓跑了，只有我还敢和他顶嘴。我姐我哥他们分别大我 11 岁、9 岁和 6 岁。我大姐大哥已经能做买卖挣钱养家了。我二哥会在自己上学前先帮我到教室里生炉子。因为我当班长，我得拿钥匙开门，可清扫、生炉子这些活儿我都不会干。我二哥其实学习很好，我们张榜贴年级前几名的成绩时，必然是小学这面有我的名字，初中那面有我二哥的名字。可惜他后来因为长得高且帅，他那个年轻的班主任总怕他学坏，不当个好学生，他于是决绝地不肯再上学了。

家里出了那么大的变故，我如今努力地回忆，却仍然确信我当时并没有感到人生艰难。所以我对我爸我妈，我哥我姐，姐夫嫂子，一直无比感激。

那个年代，我们一大家人，生活自然不富足。后来我们身边有些叔叔伯伯通过各种途径致富，人们也常说我爸要不是没了一只右手，一定会发家致富，可我心里从来没羡慕过别人家。

其实我明白，一个人是不是四肢健全是个天大的事儿。我爸从来没说过他的苦，他用一只手支撑了一个家。谁家有大事小情仍然是他给张罗，谁家有吵吵闹闹仍然是他给说和，一直到近几年他耳朵听不太清，才逐渐退出身边人的生活。

当年我妈是意外怀了我，我妈说已经两儿一女了，这个孩子别要了。我爸说生下来吧，万一是个女儿就儿女成双成对了。我爸直到现在，还经常得意，说幸亏他当年坚持留下了我。可其实我小时候除了据说长得好看，满头自来卷儿像洋娃娃，并没有什么突出的优点。而且长大了也就没那么好看了。我记得我十几岁的时候我姥姥每来一次都感慨这孩子没小时候好看了。可我爸总认为我学习好、当班长，还是我们镇上高中第一届考上本科的两三个人之一，留在大城市工作，教了好多了不起的学生，我就很了不起了。我不好意思纠正他，其实我心里常常很惭愧。

我上大学的时候偶尔吃油茶面觉得喜欢。我爸竟然学会了炒油茶面，他放很多的花生碎，特别香甜。但我爸他其实从没做过饭。现在他眼睛也看不太清，自然不能给我做了。我去超市的时候偶尔看到油茶面就停下，但我从来不买。

今天是我爸八十周岁生日。我希望他长命百岁。

我妈是地主家的二小姐。我姥爷是个善良的地主，所以据说当年划分成分的时候远近乡邻一起作假，把他的成分定成了富农，使他免受了很多折磨。我妈说她有个表舅声称可以把金银珠宝帮着变卖换成钱易于保存，于是我姥爷把几水桶的金银交给了他。结果当然是被骗了。据说那个表舅在大上海过了一段相当奢侈的生活。难得的是我姥爷坦然接受被骗，说去财免灾，有饭吃就行，那些都是身外之物。

我妈说她因为读书读得好，所以自己对身为地主家的孩子很是不好意思。于是立志嫁个穷人，最好还远离家乡。我爸他十分幸运，够穷，家还在乡下，于是顺利地把我妈娶回了家。据说成亲的时候所有人都惊叹于我妈的年轻貌美。我妈说她立志要好好过日子，因为她听见人家说，这么好看的媳妇儿，这么穷的家怎么可能养得住。

我妈有着一定过好日子的志向，但这也让她受了一辈子的苦。

我记得我爸出事儿的那天我在屋里玩，我妈在缝纫机上做衣服。闯进家里的人没敢把事情说得那么严重，我妈的脸还是一下子变得雪白，她站起来的时候带倒了凳子。"哐当"的声音刺得我耳朵疼。我妈柔声地安顿了我才离开。我觉得她的腿沉重得有点儿迈不开。

我妈长得柔弱，性情温和，可大事上有主意。我们这个姓氏是个大家族，我爸出事儿后，家族里的爷爷说让我们家搬回老家。老家在一个屯子里，爷爷说回老家人多好照应。我妈感谢了爷爷的好意，然后斩钉截铁地拒绝了他。后来我妈说搬回去大人倒是能好过点儿，可孩子回屯子里出路就窄了，而且长大了得一辈子领叔叔大爷的人情。我妈说不能把难留给孩子。

我妈后来成了我们镇上的名人。我记得当年我家的墙上贴满了她得的奖状。我妈把我奶奶照顾得无微不至，我奶奶含笑而终。我爸的叔叔一辈子没结婚，也是我爸我妈给他养老送终。我大伯也是一生在我们家度过，我们兄弟姐妹都孝顺他，他86岁的时候无疾而终。

我们家除了养大我们兄弟姐妹四个，还培养过我二姑家的三个哥哥、我二姑的小叔子的儿子、我四姑小叔子的姑娘、我大姑家大姐的姑娘，他们都来我们家附近的中学读书，吃住在我家。我印象深刻的是早上吃饭买两块豆腐，我们兄弟姐妹都记着我妈的教诲，来的是客，得让人家先吃。每到寒暑假他们要回家前，我妈定然要把他们的被褥拆洗好，让他们干干净净地带回家。

小时候我偶尔深夜醒来，经常会看到我妈还在做活计。

远亲近邻有困难我妈总是全力帮忙，对陌生人我妈也是心怀善念。每到冬天下大雪，我妈煮饭的时候常常多放两把米，有人来讨饭我妈就会用家里最大的碗盛满饭。

在我们那样的小镇里，我们兄弟姐妹成长得还都算出色，小一辈的孩子目前除了我的儿子尚是学无所成，我妈的孙子孙女外孙们都学业或者事业小有所成，重孙子安吉聪明伶俐，而且特别孝顺。

积善之家必有余庆。我妈的善良泽被全家。

我昨日整理杂物，顺便收拾了一下工作以来的各种证书。第一张是个论文获奖证书，获奖时间是 1999 年 9 月 11 日，我参加工作的第十天。最后一个是今年 4 月末参加大连市的送教下乡获得的证书。

我妈从没说过，但她用她的一生教会了我：努力做个优秀的人，一定要做个好人。

虽然我的人生算不上岁月静好、诸事顺遂，可我觉得做人挺好，可以做自己喜欢的事儿，身边、心里有喜欢的人。

可我妈近来回忆过往，常常说这一生太难了，来生不想做人了。

那么我便也不做了吧。

如若有来生，做一朵云也好，或是做一块石头、一株花草、一块泥巴，只要还能和她一起，那就很好。

（2021 年 10 月）

第三节　风景旧曾谙

读万卷书，行万里路。这是见识世界、丰盈自我的方式。无论是教研培训，还是单纯游玩，只要在路上，总有风景。看电影也相当于是去别人的世界里旅行。一路走着，眼里有风景，心中也是。

千里之外

2013 年 12 月 13 日下午 3 点，从哈尔滨回大连的车上。漫漫长路，好在还有窗外的风景。

阳光很奇怪地一层一层铺开，特别像煎得金黄的千层肉饼，那么低，似乎触口可及。

满眼都是白，只不过因为有一些树木极规则地将原野化整为零，所以并不空旷，偶尔快速闪过的白屋已是炊烟袅袅，当然烟也是白的，柔和温暖。

这一次尽管匆匆，但也还算来过。

夜晚的哈尔滨冷得酣畅淋漓。我们吃着马迭尔冰棍走在充满俄罗斯风情的中央大街上。冷得受不了就随便钻进哪个霓虹闪烁的店里，暖了再出去走，乐此不疲。

雪是这座城市的伴侣，完全不用通告，光明正大地想来就来。那么宽的松花江冻得结结实实的，上面还点缀着新鲜的雪花。

膘肥体壮的大狗撒欢儿地跑，拉的爬犁在光洁的冰面上留下一道道划痕，灯光下五彩缤纷，像极了化好彩妆的美人脸。

大连的冷必须得有风掺和，制造声势，而且冷一天会赶紧再暖两天。哈尔滨则完全不同，冷得不动声色。手和脚不知不觉地由疼到僵，等暖过来了如同猫挠，一下子找到了小时候的感觉。

小时候好像总下鹅毛大雪。厚的时候能没过膝盖。我们都穿着厚笨的棉袄、棉裤、棉鞋，学校离我家很近，但因为有个大坡就多了很多艰难。我每次都是小心翼翼地爬上去，然后一溜烟儿地往下滚，衣领里、棉鞋里灌满了雪，站起来踌躇满志地倒雪，满心欢喜。

冰城到滨城如今也只需要几个小时，或许除了心已没什么会远在千里之外。

连续吃了糖葫芦和冰棍儿、麻辣烫之后，胆终于疼了起来。疼痛和快乐都是真实的感受，让人踏实。而且因为是预料之中，便还多了丝料事如神的快感。

敲下这些字再抬头，窗外已经什么都看不见了。

眼里没有的风景，心里一定要有。

（2013 年 12 月）

白云生处

接机的师傅说最近他在屯溪接的唯一正点到达的飞机就是我们乘坐的这班，不过可惜黄山这几日都有雨。

我们并没担心或失望。古人不是说天从人愿吗？我们很乐观。果然之后的天气是雨是晴，竟完全如我们所愿。

登山的早晨，是雨过之后的清凉。阳光半隐于云后，不耀眼，却给足了光亮，特别善解人意。我们相视而笑，得意扬扬。

临近出发的时候，却有了点儿小烦恼。邻座吃饭的两个大姐说是刚上山就被猴子抓伤了，什么都没看就下来了，我心里暗暗担心，当年我到峨眉而未登，固然有下雨的原因，其实也是怕那些据说专门拦路围攻行人的猴子。

不只是我，大家都有点儿不安，互相取笑，彼此吓唬，然后每人拿了个拐杖，说到时真遇上了好对付猴子。很快，车已到山脚，说说笑笑地走路、拍照，然后坐缆车。突然抬头，就这样与云海邂逅。

江湜说，"烟色如云"，黄山上却是白云如烟。只是不像烟那样轻薄，在这之前，我从未见过这样的白云。不是大朵大朵的，不是层层叠叠的，全然没有千幻万化，就是那样丝丝缕缕的，彼此既不独立也不追逐纠缠，绝没有绳墨规矩，全然不随意流动，约好了就那样浓淡相宜婷婷袅袅地向上，向上。杜牧的诗到底是"白云深处"还是"白云生处"一下子就明了了，倒是焦郁，他说"白云升远岫，摇曳入晴空。乘化随舒卷，无心任始终"。他不懂云，云是有心的。云爱着山，是最真最深的爱恋。不远不近不纠缠，不全然占有遮掩，不怕别人看见，只给它最好的装点、最好的陪伴。

只有黄山有这样的云，这样的云只在黄山。

黄山有松。白居易曾叹松生涧底，"谁喻苍苍造物意，但与之材不与地"。那么黄山之松该是松中幸者，才与地相得益彰，两不辜负。想必松知，珊瑚藏于海底，白榆植于天上，怎赶得上上有青天，下有沃土，所以棵棵幽色秀发，疏枝昂藏。让人一见不忘。

缆车据说十几日后才通，下山需得步行八个小时。听之生畏，可畏与不畏不能增减，不如随遇而安。既来之，则走之。

下山途中，大家偶尔讨论还来不来，有人说，咱们十年后约啊！我笑。

去过一些山，有乐而忘返的，也有立志再来的。唯有黄山，卿本幽人，不敢轻约。

（2015 年 6 月）

爱上西递

宏村似乎要比西递更有名一些，但我们选了西递。

我对它的名字一见倾心，我理所当然地认定，它值得相遇。

古人说白发如新，倾盖如故。人与地，本无不同。踏上青石，我心便知，穿过千山万水，我注定要赴它一面之约。

入口的牌楼端庄凝重，与半月池的灵动飘逸相映成趣、相得益彰。据说这样的牌楼曾经共有 13 座，其余没有毁于战火，却毁于愚昧与疯狂。建牌楼是为了彰表孝子贞节，毁却也多半为此。牌楼静默，历史无声。兴与灭，是缘是劫，又有谁知。

天气晴好，游人如织。人影绰绰，人声嘈杂。

小巷幽深，白墙黑瓦。飞檐如画，雕窗细镂。青石古朴，朱门斑驳。岁月有痕，只不过，每一抹于她都添了一分风情。西递若是一个女子，该是一个清醒而独立的女子。红颜如画，淡看繁华。苍颜白发，绝不挣扎。红尘纷乱，悲喜爱怨，不刻意远离，也不肯纠缠。

悠长的小巷，小巷深处是一座绣楼，楼头伫立的穿古装的女子手捧绣球，据说是重现当年比文招亲之情景。

想一想，当年能这样招亲的该是大户人家的女子。养在深闺，足不出户，琴棋书画，诗书礼仪，终其一生也不会有机会和谁"荡舟心许"，就只能将自己的终身大事演成一场大戏。"红衣脱尽芳心苦"，我也只是突然想起，半月池中的那一池残荷。

我们在小巷中徘徊辗转，踯躅流连。我知，就此一别，或许不再相见。

必会念念不忘，却也不求回响。

（2015 年 6 月）

当时只道是寻常

此情可待成追忆。当时只道是寻常。

生命中的一个传奇，或许只是一时兴起。比如海莲·汉芙与弗兰克的通信，比如姣爷和大牛的书中传书。

娇爷应该是没怎么读过书。可大隐隐于市井，孝义存于草莽，谁说人在江湖，不能饱读诗书。豪掷千金，愿赌服输。不愿意红袖添香，偏偏要刀头舔血。分明是女娇娥，却要作男儿行。是女承父业，恐怕也是心之所好。

屡临危境，只肯低头，绝不苟且。纵命不由己，心怎肯由人。所幸纵使荒芜如许，还好，春风已然吹起。

春风十里，海莲·汉芙要弗兰克给她准备情诗集。她说："春意渐浓，我想读点情诗。"她不要济慈和雪莱。她知道她要的，他懂得。他找到的，一定是又小又精致的那么一本，被她放在口袋里，那口袋，应该在离她的心最近的地方。只是不知，碧树繁花、莺啼鸟语的公园里，她是读别人的情诗，还是心里的情意。

他们不曾说爱。罗敷无夫，使君有妇。纵发乎于情，需守之以礼。

如果不说，就是不爱。如果人心，同于绳墨。

大牛是不是君子？老先生是书里的君子，差点儿被"欺之以方"。大牛恰恰是欺他的人。欺得机关算尽，却也是深情款款。恰恰是这些欺骗，弥补了老夫妻一生的诸多遗憾。利与义的纠缠，最好的结局是爱抵了怨的释然。

雁衔书来，鱼传尺素。我们知道的浪漫，其实是未知的偶然和无望的等待。娇爷和大牛的相知相遇，不是幸运，是侥幸。

有些爱是陪伴，有些爱是错过。有些爱是逞强，有些爱是示弱。有些爱在身边，有些爱在心间。

春风十里，红尘万丈。有些情，是此情可待成追忆。有些爱，是当时只道是寻常。

（2016 年 2 月）

且共从容

是"天门中断楚江开"的天门山吗？不是。是"碧水东流至此回"

的碧流河水吗？不是。

噢。噢的意思怕是有些失望吧。

名，是一道绕不过去的关卡。屈大夫不怕老，他怕的是"修名之不立"；孔圣人甚至不怕死，他怕"没世而名不称焉"。逝者如斯夫，不舍昼夜。在永恒向前的时间洪流中，总得留下点儿什么，也好"死而不朽"，所以雁过留声，人过留名。

高德地图里林志玲说："前面就是村庄了，是不是勾起你美好的回忆？"她的声音比回忆还要甜。

小时候总是下特别大的雪，大雪封门是常有的事。有人讨饭也是那时候常有的事。

是真的讨饭。你给他一点儿零钱或是一碗粮食，他会怯生生地躲开，头低得你看不清他的脸，用方言艰难地表示他不要这些，尤其是不要钱，他只是太饿了，想要一碗饭，如果不方便他就走了。

每次下大雪，妈妈煮的饭似乎比往常都要多一些。

妈妈读过书。不过我猜她不知道克己复礼、推己及人这些圣人之道。

妈妈是我们镇上的名人，是用一辈子吃苦耐劳、隐忍容让换来的名声。

有些名，其实是苦。

怀才不遇，自许奉旨填词的柳永按理说是看开了吧，可他说"忍把浮名，换了浅斟低唱"。原来纵是虚名浮利，也着实难以割舍。能够"也无风雨也无晴"地归去，要么是醍醐灌顶大彻大悟，要么是劫后余生魄散魂惊。

不是"天门中断楚江开"的天门山。没有仙人的仙人洞。

就如同那柑橘。既然不是"出之烨然，玉质而金色"，就算剖之，"如有烟扑口鼻，视其中，则干若败絮"，也会觉得情有可原，无需苛责，也就顺理成章地多了一些欢喜和满足。

更何况还有漂流。辽南第一漂，名不虚传。

最圆满的名，就应该是这种名存实至，名副其实。

无法预知地起伏跌宕，无法控制地盘旋碰撞。或许只有在漂流之中，才会越是跌到谷底，心里越是兴奋欢喜。

漂流的时候不打水仗，就如同对秀色不敢赏玩，对珍馐不敢品鉴一样，无趣到不可救药。一个拿水炮的小男孩儿向我们挑衅之后，我们欣然应战且越战越勇。同行的同事家的小艾米打水仗不行，打嘴仗的功夫了得，你别看她小，口齿伶俐，声音清脆响亮，经常配合战斗高喊"我们人多，你们投降吧！""我们装好水啦，你们不行啦"之类的入情入理的口号，在声势上压制对方。

脱下漂流的服装就寻不到打了一路的"敌人"了，心里没有遗憾。那么多的陌生人，我们竟然有了彼此泼水的缘分，想想就温暖。

若有桂花，不妨载酒，管它是不是少年游；既已把酒，且共从容，何必问西风东风。

身体和灵魂，总得有一个在路上。还好，我们都在。

（2016 年 10 月）

浮生半日

人生中只有一些时间是我们想过的日子，更多的是我们该过的日子。这些我早就清楚。

这段时间我忙得像一只陀螺。让我烦恼的其实并不是忙碌本身，而是我有时候想不通为什么忙碌。

秋天是一个不适合思虑的季节。

《秋声赋》里说："夫秋，刑官也，于时为阴；又兵象也，于行用金，是谓天地之义气，常以肃杀而为心。"

思虑伤心。伤心易病。

秋天适合看风景。我被哄骗着带出来看风景。

昨日霜降。一些叶子便热血沸腾地红了，很像年轻时热血的我们。更多的叶子还在保持冷静，于是同一片林子，红绿分明。

树林深处，我一眼看到了一棵生病的银杏树，满树的叶子卷曲干枯，在一片生机中，美得疏离萧瑟。人人都能看到它病了，可是没有人知道它为什么生病，也不知道它还肯不肯好起来。

我是在低下头的时候看到的第一颗荠菜，我蹲下身子，然后看到了一片荠菜。

我没在秋天挖过荠菜。

我老家没有荠菜。我小的时候其实也没怎么认真地挖过野菜。小伙伴们挖野菜时我总是会停下来或者钻进草丛里去看看蚂蚱、蛐蛐什么的，还有小的或者大的蚂蚁。这样钻来钻去的，裤腿上就粘满了苍耳。那时候我并不知道它叫苍耳。等到有一天背"黄沙漫道路，苍耳满衣裳"的时候，我无师自通地知道了小时候刺在衣服上的丑丑的东西竟然有这样一个文艺的名字。挖野菜结束的时候，小伙伴们每人会大方地往我的篮子里放一大把，在我篮子里的野菜和她们差不多一样多的时候，我们就彼此心满意足地回家。

我是在张洁的《挖荠菜》里认识的它。之所以记住它可能是文章里说它好吃而我却并没有吃过。后来买樱桃的时候认识了于大哥一家，从此在他家的樱桃林里挖荠菜就成了我每个春天固定的娱乐项目。

今天我没带挖荠菜的铲子，也没有装荠菜的袋子。这些困难反而激起了我挖它的兴致。折回园子入口，可卖东西的大姐竟然不肯给我一个塑料袋，这颇出乎我的意料，于是我买了她的一堆蒲公英，她便多给了我一个塑料袋。至于挖荠菜的工具，便是指甲钳上那个小小的刀。

在满园子看风景的人中，我便成了一个独特的存在。很多人过来看我，但他们显然没有我这样的爱好，于是看看就走开了。

先是一个小男孩儿跑过来问："阿姨，你在挖什么呀，这么认真？"我笑着答他："挖荠菜。"他便停下来看。我在挖出来的荠菜里挑了最好的两颗送给他。他欢欢喜喜地跑远了。一眨眼，他带来了一个小女孩儿，两人的手里竟然各拿了一把铲子。他们蹲在我的旁边，开始认真地挖荠菜。小女孩儿特别活泼可爱，她会叫喊着"阿姨阿姨，给你荠菜"，然后跑过来把她挖的荠菜或者我也不认识是什么的野菜送到我手里。她的小手又软又暖。他们的妈妈喊他们拍照，他们头也不抬地喊："不照不照，我们要给阿姨挖荠菜。"

这一刹那，我满心欢喜。

人生的美妙原来是你以为看风景是目的的时候，发现挖荠菜才是风景；你认真挖荠菜认为这是乐趣的时候，发现偶然的遇见也会温暖了你。

人生多歧路，此中有真意。

（2021 年 10 月）

第四节　此心可少年

我常说，是我的学生拓展了我的世界，所以在忙乱的生活、琐碎的工作中，我时常会安静下来，认真地想一想，自己是一个什么样的人，要成为一个什么样的人。在岁月的侵蚀里，做一个内心明亮而温暖的人吧，纵见青山老，此心可少年。

四十无惑

他们说，程姐没变化啊。他们说得挺真诚，我听得也挺开心。

可是，时间如水，哪怕不见波澜也只是静水流深，哪里能真的了无痕迹。

最是人间留不住，朱颜辞镜花辞树。

时间有痕。只不过，有些留在脸上，有些刻在心里。

既然每个人都注定要在消逝中行走，那么不妨试一试自己有没有选择方向和姿态的自由。

想想自己这一路走来，有过行色匆匆甚至被裹挟着前行，有过徘徊辗转以至于茫然停滞，还好，一直未负初心。或许正因如此，才将踉跄渐渐走成了从容。

所知愈多，所求愈少。不妄取，不妄予，不妄想，不妄求。

有一两分才情自娱，三四个知己同行，五六件乐事怡情，七八份牵绊养性，不求万事俱备，十全十美，凡事淡然，决不淡漠，凡事投入，却不执拗。从心而动知不逾矩，随遇而安明不苟且。

双亲渐老，原每念及往往心痛落泪，现知全力奉养，勿念别离。稚子承欢，常常怕他长大天高海阔，现愿倾尽全力，助他前行。关于爱情，将年少的惊心动魄过成柴米油盐，估计就是传说中的海枯石烂地久天长了吧。没有什么伟业，把神圣的师道尊严变作真情相伴，反而和学生相处甚欢，别后仍然相知相忆。

不管生命是不是轮回，只需今生无悔。

生命很短，天涯很远。锦年玉貌虽应羡，苍颜华发亦欣然。

古人说，四十无惑，此言得之。

（2015 年 1 月）

岁月留香

又是一年。不同的是，今年有了美颜相机，所以朋友圈里的朋友们都在晒十八岁。可真正十八岁的人估计都在写作业。

十八岁真好啊，谁十八岁都好看。不信你在键盘上打字，打出"年轻"就跟出"貌美"。那是自然的输入法。

所以十八岁的时候，应该没人在意自己好不好看。我记忆中我姥姥一年差不多只见我一次，只见一次的姥姥每次都感慨，这孩子怎么没有小时候好看了呢？我竟然从没生气懊恼过，有一回还暗暗庆幸自己毕竟有过长得好看的小时候。

那时候的老师家长都不太爱讲道理，他们几乎是完全不管。高三的时候我下自习拿着书本回家，第二天原封不动地带回学校。爸爸妈妈哥哥姐姐没一个人说一句，还是我自己有一次忍不住念叨，"唉，带回来的书又没看！"我妈淡淡地说，"带回来路上做个伴也挺好。"

十八岁有着最好的青春。可十八岁的时候谁会知道青春是可以用来炫耀的？大家都忙着纠结迷茫。

别说少年不识愁滋味。多大年纪的人的愁都是一样的。少年长了一颗青春痘的愁和中年添了一道细纹的愁，难分伯仲。

十八岁有梦想。可是十八岁没有力量，没有可能爽快地掏出自己的钱包买下那件一见钟情的漂亮裙子，不知道自己的将来是不是自己想要的样子，有没有自己喜欢的人在。

十八岁可能还没有方向，所以十八岁必须用力地生长。

现在的我已经走得太远，把十八岁远远地甩在了后面。在这样一个辞旧迎新的时刻，在欢呼雀跃着迎接新年的时候，我们习惯怀念从前。就像景公不舍得他的锦绣河山，我们希望我们永远十八岁。其实牛山一泣，古今悲同。

那么也有不同吧。不同的是他有晏子提点。我们需要自己和自己和解。十八岁固然满脸的胶原蛋白，我们现在不是也有了美颜相机？

别说人生易老，要学会让岁月留香。

（2017 年 12 月）

亲爱的米

"我们不是单靠吃米活着。"巴金老先生被誉为"20 世纪中国文学的良心"，他说的是对的。但人一定得靠吃米活着。

《论语·乡党》里说："肉虽多，不使胜食气。"这当然不是因为肉太贵，而是当年贵族很重视吃米。《孟子·滕文公上》说："树艺五谷，五谷熟而民人育。"老百姓活着得靠吃米。

与伯夷、大禹并称"三后"的后稷，就是农耕始祖，五谷之神。他生得神奇，其母姜嫄"出，见大人迹而履践之，知于身，则生后稷"。他生得伟大，看《诗经·生民》中的记载，他着实是一个种地的好手。

五谷丰登，这在相当长的一段时间里，是百姓生活的最高理想。

"食肉者勇敢而悍，食气者神明而寿，食谷者知慧而夭，不食者不死而神。"这么看，吃米对智商有很大影响。

小时候常吃的是高粱米，据说就是古代的"稷"。现在我大哥几乎一口也不吃，他说太刺嗓子。我想，必是他小时候吃太多的缘故。有的艰难困苦，能够玉汝于成；有的艰难困苦，却成了心中不愿再触及的疼。哥哥姐姐比我大一些，他们付出的辛苦也多一些，我没怎么过太苦的日子，我至今仍然爱吃高粱米。

《芈月传》里，远离楚国的芈月，带了一罐故乡的泥土，偶尔吃一点儿，除了宽慰乡思还可以治疗水土不服。"宁恋家乡一捻土，莫恋他国万两金。"我想，儿子他年若是远行，我还是给他带上一些米吧，应该比土好吃一些，还有助于提升智力。

人有良莠，米有精粗。有种稗米，亦堪为饭，据说有药用功能，但日常食之，恐怕难以下咽。当年我去云南，当真觉得彩云之南，风景如画。苍山映雪，洱海含情，让人眼眩心迷，流连沉醉。唯独每到吃饭的时候，那米饭吃得艰难。米是一粒一粒散开的，入口也是疏离的，咀嚼再久，也没有米的味道。在云南，的确不能单单靠吃米活着，得靠吃米线活着。

做一粒好米，甚有价值。但这个好，也是仁者见仁。

从前我买过一种稻花香，米入锅将熟之时，满室生香。或许是声势造得太大，心中的期待自然就高了，吃到嘴里，反倒显得没那么惊艳了，心有不甘，悻悻而止。求之不得，辗转反侧。无论所求的是窈窕淑女，还是口腹之欲，都是一样的甜蜜的折磨。

凡事讲究机缘，那次长春学习认识了小刘老师是个机缘。小刘老师的老家在负有盛名的五常，我偶尔翻朋友圈就看到新稻脱粒的小视频也是个机缘。

今日是米到的第五天。是让我一吃倾心的米。没有扑鼻的香气，入口除了软糯却也不觉得有什么特别，可咽下后齿颊间有甜甜的味道，长久不绝。老子说："绵绵若存，用之不勤。"说的其实是谷神，我却觉得特别契合这个米。

天地有正气，杂然赋流形。万物生长皆合天理，米之生长尤合人意。

槿花篱落竹丝长。十里西畴熟稻香。能食佳米，实为乐事。浮生多事，食能解忧。

（2019 年 11 月）

七月与安生

不是安妮宝贝的小说，不是陈可辛导演的电影，不是七月流火的七月。是我从"陌头杨柳黄金色"、"桃花历乱李花香"的四月开始过敏，至今整整七个月。

开始的痛痒难耐，症状减轻后的轻松愉快，反复无常后的心灰意冷，个中滋味，颇为复杂。对于要守的各种禁忌，一开始小心翼翼，不敢越雷池半步，可因历时太久，心灰意冷时难免自暴自弃，难受得狠了，便又洗心革面，悉遵医嘱。

周而复始，安生难得。推而广之，人间世事，大半如此。今日思量，豁然有悟。

别人眼中的癣疥之疾，可于自己或许都是心腹之患。祸患常积于忽微，而我们常失于省查，或是自恃强大。

石火光阴，人身不久，算来生死难防。

佛教通达，"了知生死本来同，无数深红间浅红"。道教潇洒，所以庄子箕踞而坐，鼓盆而歌。当年大伯离世，我也曾千里奔丧，当时悲痛太多，思虑就少。痛中茫然，不知所措。之后浮生多事，加上虽然不能通达生死，可他老人家86岁高龄离世，无病少痛，寿终正寝，便也颇为释然。

于大哥的葬礼是我第一次以一个社会中人的身份正式参加的葬礼。去之前颇多纠结，于情于理都该去，奈何我从属于一个渴望躲在壳里的星座，胆怯而脆弱。

和他一起工作二十年，我是近几年才不怕他的。之前因为我年轻，对所有年长者都心怀敬畏。于大哥说话声大气壮，我便尤其敬畏。后来共同承担学校的工会工作，有时需要一起合作，他性情刚烈，我年少活泼，竟然磨合得特别好，很多事都是我一说他就应。

葬礼肃穆而悲伤。大家都慨叹他差几个月才退休，实在是英年早逝。想起我苦练羽毛球时，他耐心指导，兴之所至还陪我练习，我便痛断肝肠。

朋友圈里转发一位同学的求助信息，是我们学校的毕业生，我黯然伤神地捐了一点儿钱。今晨和学生谈话时，惊悉那位同学已经离世。

照片里美美的小姑娘，生命定格在最美的二十岁。

少年期，功名事，只苍然。万里蓬莱归路。平生心事空负。

"世事不须问，我老但宜仙。"古人以退求生，"月白风清长夏，醉里相逢林下"。我辈恐怕退无可退，年老父母需有养，年幼子女需有教。

柴米油盐，难以寻闲。喜怒忧惧，七情俱全。

智勇常困于所溺，看得开，方能跳出来。志之所在，仍当尽心而为，不过略留余力，不至于殚精竭虑，忧劳成疾。情之所至，也当自我开解，不必困顿苦思，以致苦不堪言。

无避谈生死，有竹报平安。需能笑指云阶梦，得晓今夕是何年。

若能心安，如此安生。

（2019 年 11 月）

此心可少年

前几天学校组织核酸检测，第一项要填年龄。我的笔滞了一滞。

固然是因为数学学得不好得认真算一算，也是因为突然要面对这么大的数字一时有些恍惚。

古人可能比我还不记年月，可人家要么隐居山林，"山静似太古，日长如小年"，年龄什么的不过浮云而已，要么寄身桃源，不问世事，"不知有汉，无论魏晋"，生老自然都已经不是可关注的事儿。

像我这样活在红尘俗世里的人，每逢岁月流转，按理来说都应该感慨悲伤。何况这一年，也确实值得感慨悲伤。于是在这个雪花飞舞的岁末，我认真地酝酿着情绪，奈何心里仍然没有体会到恐惧悲伤。

"美人歌舞谢芳草，春光落尽容颜老。""红颜弹指老，秋去霜几丝。"这样的诗句我年轻时也爱看，觉得做个美人太难了，一年不过四季，春愁秋悲，一生不过数十载，年轻时担心老，年老了感伤老，不过古人闺中寂寞，这样倒也充实。

近年虽然偶尔也惊觉年华似水，可我没怕过衰老。因为不是美人，自然不怕迟暮。我也忙，没那样的闲工夫。这样一年一年扎扎实实地过下来，竟是半生倏忽而逝。

人生既已过半，便没了什么恐惧慌乱。该做的事认真做了，该爱的人认真爱着，明白水中月本是天上月，看看就好，眼前人也未必都是心上人，不妨凑合。宠辱都曾经历过，已经能和光同尘，与时舒卷。当然每年例行体检前也照常忐忑惴惴，但真有问题时反觉豁然开朗，坦然以对。既不致命，姑且由之，说不定也能互不相扰甚至于相处尽欢。怕既无用，还怕什么。

这样的从容和缓，这样的通透淡然，定然是用时光换来的。安然和强大必得经历世事艰难和内心煎熬磨砺，这是岁月的奖赏。那么年与时俱长，肉与日俱增，脸色渐渐憔悴，皱纹悄悄攀爬，这些都是配套的赠品，需兴高采烈地收下。

其实，总有方法和岁月握手言和。比如我今年尤爱读书，人常说人丑尚可多读书，我寻思年老自然也可以。

谁都愿岁月凝香，红颜不老，可时光是个浪子，随心而去怎肯停留。

苏轼说"门前流水尚能西！休将白发唱黄鸡"，乐观得让人高山仰止。既然苍颜白发，是生命的宿命，心存冰壶秋月，那便是个人的修行。

未见青山老，此心可少年。

（2020 年 12 月）

因为爱情

一口气喝完了秋天的第一碗中药，觉得满满都是仪式感。

今天是一个有故事的日子，所以适合讲讲故事。

中国人喜欢大团圆，似水流年，需得配上如花美眷。当然外国人也一样，所以他们的故事里结尾总是王子和公主从此幸福地生活。

其实最圆满的爱情应该是牛郎织女这样吧。整个故事充满温暖和美好。这种温暖和美好不只是牛和人，还有人和人，甚至包括划下银河的王母娘娘。仙人有别，以她当时当地的地位没有要牛郎的命还允许他们一年一见，慈母心肠，颇为难得。

其实最重要的美好是一年可见一次，不像《边城》里的翠翠，守着渡口，不知道她等的人是明天回来还是永远也不回来。

那是有微薄希望的悲凉。这是有些许缺憾的完美。

虽然天上一日人间一年，如此算来分别不可谓不久。可漫漫仙途无止无休不病不死何其难熬，这样想来，这么久见一次才确实是恰到好处。

这是最好的悲喜剧。虽然不能朝朝暮暮，却也避免了当时年少情深后来却相看两厌，避免了如懿临死前感慨的兰因絮果。

是啊。所有的开始，应该都是因为爱情。只不过有的善终如始，有的身心俱伤。

"试问岭南应不好，却道，此心安处是吾乡。"王定国被贬宾州，柔奴毅然相随。离乡背井，蛮景烟瘴，却也安然欣然。爱情多美好。这个心中有爱的女子应该也得到了爱，所以才能"万里归来颜愈少，微笑，笑时犹带岭梅香"。

然而不是有才能和痴情就能得到爱。

鱼玄机，与李冶、薛涛、刘采春并称唐代四大女诗人。她也不过是想好好地谈一场恋爱，结果谈进了道观，索性放浪形骸艳名远播。"疏散未闲终遂愿，盛衰空见本来心"，不知她终其一生可曾弄懂她和她著名的老师温庭筠的"本来心"。

网上一句讽言，"谈个恋爱吧，进牢房的那种"，其实就连要了命的那种，由古至今，都屡见不鲜。要说不同，可能是女子的做法很有区别。

比如《雷雨》里的鲁侍萍吧，最美好的时光里遇到了她的少爷，给他生了两个儿子。她的少爷要娶门当户对的小姐，她被赶出了家门。健康的大儿子自然被留在府里，病得快死的小儿子自然和她一起。她投了河，被救活嫁了人，做最低等的老妈子。

可她撕了当年的少爷、如今的老爷给她的巨额支票。

她确实太苦了。可如若算一算过去的时光，纵使一年用一百万相抵，是不是仍旧苦涩？

回到原来的故事吧。说到底，织女是一个值得我们尊敬的女性。出身豪门，貌美如花，贫贱不移，威武不屈。最重要的是身怀绝技。待字闺中的时候能织出灿烂云霞以怡情，嫁给爱情的时候可以织出五彩锦缎以度日。两地相思，纺织不辍，"纤纤擢素手，札札弄机杼"。

我小时候有个小品叫"超生游击队"，里面有一段特别有意思的台词。女主人公劝男主人公不要嫌弃生女孩儿时，劝他"时代不同了，男女都一样"，结果男主人公回答"你听错了，那是说实在不行了，男女才一样"。

男女当然是平等的，可女孩子的确要难很多，在爱情里，在婚姻里，在职场中，在人生中。胖瘦美丑都不重要，聪慧机敏却是要有的。要有爱人的能力，更要有自爱的资本。要有柔软的姿态，要有强大的内心。最重要的是要有让自己活得美好的技能。不要忽略了自己，就算因为爱情，也要成长为更好的自己。

今天的故事讲完了。如果意犹未尽，去找个有葡萄架的地方，听听牛郎和织女在说些什么。不用转告给我。我亲自去听。

（2021 年 8 月）

莫惊岁去频

"独有宦游人，偏惊物候新。"古人在外游历，一是为了自我成长，读万卷书行万里路。一是为了自我成功，学成文武艺，终须"货与帝王家"。

为了成长的，自然不急于一时，会早早规划行程，不误归期。为了成功的，就是人在江湖，漂泊无定了。

宦游人，行走在交游求仕的路上，情不由己，身不由己。壮志未成，新年又至，原以为的浮生漫漫，竟是"隙中驹、石中火"，这一惊，自然是心魂皆动。

其实不只是宦游人，只要是个人，在一些重要的时间节点上，总是容易感慨。

"佳节久从愁里过，壮心偶傍醉中来"，苏洵二十七岁前优游度日，未必识得愁滋味，二十七岁后奋发向上，却沉沦下僚，估计是"忧从中来，不可断绝"。

一个人想要有所作为，总是难的，古今中外同理。所以，岁月更迭，新旧交替之时倍增忧思，不过是人之常情。

那么，如果能恬然自安，怡然自得，那自然是因为修行。

"净洗铛，少著水，柴头罨烟焰不起。待他自熟莫催他，火候足时他自美"。黄州是苏轼事业的最低点，可那又怎样，没有什么痛苦是一锅红烧肉解决不了的。如果有，那就再配点儿东坡豆腐和东坡凉粉。像苏轼这样的人，怎样艰难的日子都会过得活色生香。

强基班的小薛同学（我的课代表）语文课后回到她的行政班，在小黑板上郑重地写下：每个人都会有自己的黄州，没有人能再成为苏轼。

如果有名字的人说出的话就可以算作名言，那么说出这句名言的，是我。说出另一句名言的，也是我：我们无法成为苏轼，可我们也不能困守在人生的黄州。我们终究要靠自己的力量，在岁月里熠熠生辉。

旧岁新年，顺境逆境，绝不骄横，亦不轻慢，别怨天尤人，不轻言放弃。

这样的人，该对得起过往的流光，配得上温柔的岁月。

心有千帆竞过，莫惊岁去频频。

年年快乐。

（2021 年 12 月）

努力加餐饭

儿子跟我探讨一首词，竟然是温庭筠的《南歌子词二首》。当我弄明白他感兴趣的只是"玲珑骰子安红豆，入骨相思知不知"中的"骰子"该读"tóu zi"还是"shǎi zi"的时候，我一面笑话他买椟还珠般的浅薄，一面擦掉手心里的冷汗。

儿子他自然是不懂爱情的。谁又懂呢？

两天前，一个孩子问："程姐你觉得什么样才是最好的爱情呢？"

最难得的爱情是懂得吧。这世界没有两片相同的叶子，自然也没有两个一样的人。有一个人，他懂你眼中的悲喜，懂你心里的坚强和柔软，懂你的坚持和放弃，懂你的云淡风轻背后的负重前行，懂你百折不回内里的溃不成军，你到底在乎什么，他都懂得。那便是"金风玉露一相逢"吧。

可这世界有那么多人，得多幸运才有这样一个人。而且不能早一步，也不能晚一步，需要恰好在最正确的时间里遇见，才能阳光风雨，一生是他。

这样的爱情，诗词歌赋里有，电影电视剧里有，那么还是相信有吧，也许就能遇见。

现实中，爱是选择。想好了自己最想要的、最不可能接受的，其实就可以岁月静好，两不辜负。如果走着走着还多有所得，那便是更大的幸运。

可就像即使我们知道所有的道理，可还是过不好这一生。何况爱情它最是琢磨不定。

所以，爱自己，有优雅生活的能力，或许才是每个人最该做好的事情。

有两个很好的例子。一个是卓文君。她勇敢，爱上了才子司马相如便敢毅然私奔，日子艰难就敢当垆卖酒。她智慧，卖酒是维持生计也是和父亲博弈，最终她也赢了。司马相如功成名就移情别恋，她还是临变不惊，"皑如山上雪，皎若云间月。闻君有两意，故来相决绝"。自己心中的爱情是白雪明月，若是情逝爱驰，绝不将就。

另一个是电视剧里的人物。《知否知否应是绿肥红瘦》这部剧其实是一本很好的婚恋教科书。明兰貌若秋兰，明艳照人，既能小鸟依人也会杀伐决断。小公爷爱她，说非她不可。她明知道他做不到，到时候他仍然是王候贵胄，可她就会身败名裂。可那么清醒睿智的她还是赌进了自己。她说，他若进，我便进。至此风刀霜剑，矢志不悔。可他退了。等他再回来找她，她其实还是爱的，也知道他时势所迫情非得已，却再也不肯回头。

卓文君和司马相如相守一生，明兰也得到了最好的爱情。

当然爱情没有什么定式，苦乐都只能自己尝试。只是不能为了追求爱情而爱，不能因为被放弃了就自暴自弃。

没有走过很长的路，就不会清楚自己要的是哪一种花或是一棵什么样的树。甚至也许你的世界根本就不需要花和树。

人生那么长，有趣的事情那么多。比如大雪，温泉。一定是室外的那种。看大片大片的雪花落下来，再吃一点儿冰糕。妙不可言。再比如好好地喝一碗粥，吃几块萝卜干，认真地嚼一嚼，也可以是美好生活的味道。

有情饮水可饱，无情也要过好。

岁月惊冉冉，努力加餐饭。

（2022 年 2 月）

且送春归去

我是在四月听说要上学了的那一天，突然想走去学校，下楼发现那么多的花一下子都开了。迎春、樱花、蔷薇、丁香、玉兰……不是一朵一朵的，不是李山甫写的"有时三点两点雨，到处十枝五枝花"，是一树一树，毫不保留、用尽全力地灿烂明媚，娇艳招摇。

春天可真热闹。热闹到你塞着耳机，一个人走在似锦的繁花里，心里会突然有一丝入骨的寂寞。

那并没有什么关系。一个人总是会突然觉得孤单，也会常常有些寂寞。

春天总是美好的，美得活色生香。"洲上百花如锦绣，水满池塘"，想一想都美好。

可是我不能只是看一看，想一想。我需要吃到荠菜、蒲公英、小野蒜、榆钱儿，才能确信这是一个和以往一样美味的新的春天。笑我贪吃的人不懂，这不是简单的口腹之欲，这是我的安全感。我从来不为春天流逝而伤感。我知道这么美、这么热闹的春天，流逝是一种必然。不要为留不住的东西千回百转，你需要留住能留住的。那些出现在你的眼前、停留在你的手掌、进入你的口中的，才能有机会留在你的心上。

看过的一片云、穿过的一件旗袍、吃过的一块冰糕，它们，便都是你的。

春天不止是悦目，还能让你明白一些道理。

比如我之前有点儿不明白，有些事情为什么不能沟通简化一下。看到花我就豁然开朗了。春天的花谁不是各开各的？你见过谁和谁在一起商量着开花？谁也不管谁，谁也不听谁的，自己开得好看就行了。这也是自然之理。

我们小区里开满了丁香，不知道其中有没有一朵花恰好长了六片花瓣。当然我们其实都知道幸运这种东西靠不了命运，也靠不了丁香。就算找到这样的一朵花，它又真的有神力，我怕我也不知道要做些什么。

我最喜欢登上小山时见到的那一片丁香。我觉得这一片花的香味格外迷人。其实这也只是因为丁香花香里渗入了金街飘来的烟火气息。

走在再"悠长悠长而又寂寥的雨巷"，我也从没希望逢着一个"丁香一样的姑娘"。

如果真希望遇到什么人，也要遇到一个向日葵一样的人吧，无论风雨，一路向阳。

竹篱茅舍，锦绣膏粱，生而不同，却还可以有同样美好的春天。不同也同。

能不能再回到从前，岁月静好，走在校园的樱花路上，风吹花瓣飘下来，落在发间的是粉嫩的樱花和枝叶间漏下来的闪闪的光亮，而食堂里准备好的恰好是我近来最爱的锅包肉。

不论能不能回到从前，从前都已经真实地存在，而未来还可以在心里假设一亿种更美好的可能。

春天就要过去了。我刚刚看到玉兰整朵整朵地从枝头落下来。

那么留下阳光和希望，且送春归去。

（2022 年 5 月）

值此青绿

之前的漫长的岁月，我从没认真地区分过春天和夏天。

春天和初夏的温度其实差不多。你三月穿什么，五月几乎还可以这么穿。街上穿着短裙短裤的和穿着大衣风衣的各自安然、一派和谐。如今五月中旬，我晚上若是去海边走走，短袖 T 恤衫外边套上一件薄薄的羽绒服方能万无一失。

从第一朵花绽放，各种花就会接连不断地开放。你也分不清哪种花属于春天，哪种花属于夏天。苏轼诗里说"荼蘼不争春，寂寞开最晚"，我也在王淇的诗里知道，"开到荼蘼花事了"，可我并不认识荼蘼花，自然也就不能从它的凋谢中准确地分辨出春逝夏至。

或许其实是我心里希望美好的时光越长久越好，春天和夏天连成一片，花团锦簇葳蕤蓬勃，美好自然就更长久了一些。

或许也可能是之前我太忙了。晨起暮还，步履匆匆，周旋于繁杂琐碎的人世之事，便忽略了春生夏长的自然之理。

今年，我在家里待了一整个春天。

我看到玉兰花开，也亲眼看见它整朵整朵地从枝头跌落。它是优雅一生的花。开的时候卓然出众，落的时候仍是姿容方雅。丁香是最情深意重的花。每天晚上我在园子里散步，每一步都有它或它的香气陪着我。当那些香气由馥郁持久到若有若无，我就清楚地知道，日子一天天过去了，它们小小的白色或是紫色的花瓣必然已经由神采奕奕变得黯淡失色。"花外子规啼月""庭下丁香千结"，没有了丁香的香，春天就这样结束了。

刚刚我在园子里散步的时候，已经是一种草木的香气陪着我了。我突然知道，夏天来了。

"绿槐高柳咽新蝉。薰风初入弦。"薰风已至，新蝉未起。现在还是安安静静的初夏时光。

从前，我没有关注过园子里的草木，你知道，缤纷绚丽总是能更吸引我们的目光。

如今满眼青绿。

初夏清和，草木无言。你突然发现，安静是一种撼动人心的力量。不争先，不喧闹，草木只是认真地生长。花开得热闹，它们便贴心地衬托陪伴。花谢了，它们便迅速地填补空白，独当一面。虽然只是青绿，却也并不单调乏味。 一丛丛，一树树，深浅有致，浓淡相宜。柳枝上的，便摇曳着温柔，槐叶上的，便流动着鲜亮。只是青绿，却是万千风情。

我在家里待了一整个春天。我第一次看到五角枫竟然开了满树淡黄色米粒大小的花。我的心在春天里经过了热烈期盼和失望辗转。值此初夏，值此青绿，我突然有了安静的心情。

贪玩的孩子们爬上了杏树，被咬了一口的杏子安静地躺在石板路上。看一眼嘴里就有了酸涩的味道，让人心里很是清凉。

从前，我从没有机会见到杏树上结的杏子。我回来得很晚，也没有好好地看过小区里弯弯的小桥流水。

坐在小小的凉亭里，夏日清清静静的水，青绿青绿的草木，软软的柳絮飘飞，在极早的清晨或是夜晚，抬头可以看见不甚闪亮的星星。

静谧得让人欢喜。

之前每天在钉钉上约课的时候我都会有些绝望地想起西西弗斯。我日复一日地约课，他日复一日地推大石。诸神认为让西西弗斯做无效和无望的劳动，在其中消耗生命是一种残忍的惩罚。

小薛同学之前得到我一个讲课的视频，她那么欣喜地说，程姐，我没想到有生之年还会听到你的课。那么我想我和西西弗斯还是有些不同吧。

多好，网课也能和可爱的孩子们在一起。网课也能教研，每次教研活动说结束的时候我们几个大人都有点儿恋恋不舍。多好。我只是左肩疼而不是右肩活动不便。

生活里的每一种不幸，都可以加上一个"更"，我们现在过的，其实便是最好的日子。

多好，夏天来了。

值此青绿，便有了安静生长的力量和默默向上的心情。

"我心素已闲，清川澹如此。"值此青绿，只此青绿。

（2022 年 5 月）

夏至已至

陈希龄《恪遵宪度》解释夏至："日北至，日长之至，日影短至，故曰夏至。至者，极也。"

夏至已至。

　　我坐在一楼的走廊里，打开所有的窗。窗外空无一人的小园子的树下，长满了灰灰菜和蒲公英。我认识它们，它们长满了我的小时候。

　　园子草木的清香里，有光阴的味道。

　　收到花的那一天是我的阴历生日。家乡当年的习惯一直是过阴历生日的，不知道现在是不是改了。这个习惯确实很麻烦，每一年的生日对应的都是不同的日子，实在是太考验人的记忆力。近几年我自己都常忘了，我妈却一直都记得。送花的是我的侄儿。他正在忙着装修他的第二个烧烤店。我猜告诉他的人是我妈或者是我嫂子，再或者是他的手机备忘录。

　　每一年阴历生日对应的都是不同的日子。现在我觉得这真是一个好习俗。这样的变化，能把爱好好地藏在里面。

　　"斗柄东指，天下皆春；斗柄南指，天下皆夏；斗柄西指，天下皆秋；斗柄北指，天下皆冬。"四时不忒，万物有常。

　　"昼晷已云极，宵漏自此长。"今天是盛夏的起点。从此有林木葱茏、鲜花盛开，也有难熬的暑热、恼人的梅雨，甚至是雷霆风暴。多像我们的人生。

　　我们渴望的盛极，是鲜花着锦，烈焰烹油。但可能其实是湿热蕴结、苦不堪言，甚至是惊雷乍起、魂魄俱惊。老子说："将欲弱之，必固强之……将欲取之，必固予之。"强极则辱，盛极实苦。所以诗经里说"言念君子，温其如玉"。

　　可是，春秋之间必然有夏，人生之路必然有难。总要熬过去，才有山长水阔、云开月明。

　　夏天不是个适合养伤的季节。绵绵的或是暴烈的雨里，你会发现心里的伤口竟然不曾愈合。我们需要夏天。其实清晰的或是若隐若现纠缠不休的疼痛，只是提醒你，过往和你一样活着，还有你要怎样活着。

夏至已至。总会有一场雨，下在你的心里，让缠绵的感伤慢慢地浸染你的心。然后，就会有阳光。

你抬头，云很美，夏风也温柔。你笑一笑，借寂寞下酒，决定好好爱一回这人间。

（2022 年 6 月）

朋友圈与公众号

虽然带了一本《闲情偶寄》，在这么热的异乡的夜里，却没有看书的闲情。于是翻翻自己的朋友圈，突然觉得那些图片和文字似乎在重播自己的一段段人生。自己简单的喜怒哀乐，张扬和隐忍，都在这里。

当年是怎么把自己书写心情的阵地从 QQ 空间转移到微信朋友圈的呢？我想是因为它叫"朋友圈"吧。

其实我很容易信任别人。比如幼儿园（我那个时候叫育红班）上学的第一天，我把书包交给一个小朋友，然后自己去卫生间，结果我在上学的第一天就两手空空地回家了。书包没了，我也认不出自己交给书包的人。

但我并不太容易接纳别人成为自己的朋友。年轻时的心态很像《笑红尘》里唱的，"不求有人能明了，一身骄傲"。后来越来越明白自己想要的是什么，世界有那么多人，自己的心这么小，自然只能留下很少的一些人。

我是一个没有安全感的人。"朋友"这两个字，让我安心。

我一直骄傲的事情，是我颇有一些真正的朋友。

从小一起长大的发小儿，虽然在不同的城市，工作的领域完全不同，甚至并不了解彼此各自的现状，但默契仍在，情义不变。前几天我回老家的时候，另一个小伙伴打乱自己的安排不远千里开车赶回来。短暂相聚的时光里，我们仨商量退休后一起在哪儿生活，买什么样的房子，谁负责做饭谁做家务，吃什么玩什么，琐碎但是温暖。一起长大的人，再一起老去，从某种意义上说，也是人生的终点又回到了起点。

一起工作的领导和同事，现在和曾经也都有风雨同行的朋友。有日常工作中的提点，有精诚合作的真心，有困境中雪中送炭的帮助，有一路默默陪伴的温暖。也曾耳闻目睹和亲身经历过很多的欺诈和算计，但拥有的这些真心，是岁月流转中我最坚实的铠甲。

还有我教过的学生。他们当年或者长大之后，成为了我的朋友，他们不但温暖着我的心，还拓展了我的世界。还有学生的家长们，留在我微信里的，都是我的朋友。

朋友的圈自然是安全而温暖的。

"开个公众号吧程姐！""我们帮你弄个公众号啊，程姐？""为什么不开个公众号呢，程姐？"

孩子们问了我多年的问题，我今天认真地想一想，为什么不呢？可能是我不喜欢"公众号"这个名字吧。

在朋友圈里写心情的时候，是轻松的自娱自乐，也是和朋友一起自由的分享，也是和他们心情的交换。用流行的话说，这是双向奔赴。

我觉得我有和朋友互动的兴致，却没有面对公众展示自我的渴望。

可是，今天我决定要开办一个公众号了。

我有两个团队。

我们语文组的微信群名字是"诗情画意大语文"，有着27名成员。我其实一直是其中被照顾的那一个。我依赖的那些人还在群里，妹妹们越来越依赖我。近来更年轻的妹妹们虔诚地跟我请教怎么上课怎么带班，我年轻貌美的小徒弟每一节课都跟着我听课，我渐渐地觉得自己责任重大。

我有了一个名师工作室。在我自己绕了个弯之后，有了这个机会，我觉得自己特别幸运。因为没有安全感，所以我很少主动，这样就不会被人拒绝了，当我直接或是婉转地邀请这些小伙伴加入我的工作室的时候，心情是期待又忐忑的。他们竟然都愿意和我一起，我心里十分感激。

我觉得我一定要有一个公众号了。

我虽然能力没有多大，但知道自己的责任很大。要努力搭建平台，要认真带好团队，要创造机会，要用心托举。

世间晴好，要有人一起看着阳光微笑。漫天雨雪，也要有人一起在风雪里奔跑。

如若我们的微笑温暖了一些人。我们的奔跑带动了一些人，那便没有误了相遇，没有辜负美好。

想到我就要同时拥有朋友圈和公众号了，不禁希望它们能够互相喜欢，并且都有光明的未来。

（2022 年 8 月）

[附录]

课堂教学中教学机智的有效运用

摘　要：教学活动有别于其他活动，它是变化的动态的，是预设和生成的相辅相成，课堂机智自然成为衡量一个教师成熟优秀与否的重要指标。教学机智又有深浅之别，浅层次的课堂机智是驾驭课堂，处理课堂突发事件的能力。深层次的课堂机智，我把它理解为一种"抓住课堂时机，有智慧地引领学生学习"的能力。

关键词：学生主体；课堂动态；教学机智

陶行知先生曾这样说过："教什么和怎么教，决不是凌空可以规定的，他们都包含'人'的问题，人不同，则教的东西、教的方法、教的份量、教的次序都跟着不同了。"

成功的课堂教学，自然少不了随机应变。所以，"教师像蜡烛"，作为一种教育精神，值得提倡；作为一种教育思想，却不值得称道。教师应该是引燃器，主要职能不是自己燃烧，而是点燃学生的希望之火、智慧之火，激发学生的激情。

课堂机智，是衡量一个教师是否成熟优秀的一个硬指标。课堂最大的难题在于它是变化着的，你可以预设，能否达成、效果如何却要看生成。所以一个真正成熟的教师绝不仅仅是能上出精彩的示范课，而是灵活机智地驾驭每一天的课堂。因为前者是可以靠群策群力或者排练、表演的。

一、课堂教学中教学机智的界定：课堂教学中的教学机智有深浅之分。

浅层次的课堂机智是驾驭课堂，处理课堂突发事件的能力。站到讲台之上的教师，首先是一个管理者，要负责创设一个良好的学习环境。而面对的学生又是千差万别的独立个体，有各种可能的突发事件。比如学生有时会做出有违课堂要求的行为。如果教师疾言厉色甚至气急败坏可能不但不能妥善处理问题，还会扰乱正常的教学秩序。这个时候教师就一定要沉着冷静，处变不惊，机智灵活地处理问题。

一次上课铃声打响，我正准备讲鲁迅的文章《记念刘和珍君》，而一个同学拿起桌上的牛奶开始慢条斯理地喝，在这之前学校已经三令五申在课堂上不许吃喝东西。我灵机一动说："同学们，鲁迅先生是伟大的革命家、文学家，这是大家熟知的，可大家一定不知道，他还是一个伟大的魔术师。"学生一下子被吸引了，教室里鸦雀无声，喝牛奶的孩子没放下奶却也边喝边听，我接着说："有鲁迅先生的名言为证——我吃的是草，挤出来的是奶。"学生们开怀大笑，稍微平静下来后，我接着说："现在我发现咱班有个小魔术师，他现在喝的是奶，大家猜他吐出来的会是什么？"同学们哄堂大笑，喝奶的孩子不好意思地放下奶，认真听讲了。在我看来，这种处理突发事件的课堂机智其实是一种有智慧的幽默。

深层次的课堂机智，我把它理解为一种"抓住课堂时机，有智慧地引领学生学习"的能力。教师的职责不仅仅是传道、授业、解惑，还应该是一个领导者，要带领一个团队在知识的战场上冲锋陷阵。而学生也不是只听指挥的机器，是有血有肉、有认知差别、有独立思维的活生生的人。所以课堂教学中的机智不是嘴上功夫，不是简单的插科打诨，逗学生一乐，而应该是知识积累丰厚前提下的自然生成。因为洛克早已说过："在缺乏教养的人身上，勇敢就会成为粗暴，学识就会成为迂腐，机智就会成为逗趣，质朴就会成为粗鲁，温厚就会成为谄媚。"

二、课堂教学中教学机智的运用：如何在课堂教学中体现出教学机智？

首先，要承认学生的主体性，真正落实以生为本。

《义务教育语文课程标准》指出："学生是学习和发展的主体，语文课程必须根据学生身心发展和语文学习的特点，关注学生的个体差异和不同的学习需求，爱护学生的好奇心、求知欲，充分激发学生的主动意识和进取精神，倡导自主、合作、探究的学习方式。"因此教师要尊重学生在学习过程中的独特体验，珍视学生在课堂中的动态生成。

如此看来，教学机智并不是简单的教师个人素质、自身能力的一种体现，它归根结底是教师思想观念的问题，取决于教师在思想深处是不是打下了"以生为本"的烙印。如果教师真正能认识到课堂本质上是学生的课堂，教师"教"只是手段，学生"学"才是根本，那么在课堂教学中就不会墨守成规，就能够灵活变通、及时修正调整，教学机智就有了产生的条件。

其次，要厚积薄发，学堪为范。

教师在学识上的高度决定着教学机智的层次。除了在教学实践中积累的必要经验之外，教师在专业知识上的深度、广度，决定着老师能否应对好课堂突发事件，做出机智有效的处理。教师的知识结构不仅影响着学生知识结构的形成和发展，还影响着学生的情感体验，以及价值观、人生观的形成和发展。

孩子们喜欢我的语文课堂，我想可能就是因为我的逗趣幽默里有着一种"文化味"。而我的所谓"机智幽默"是有底气的，那就是课堂教学之前的认真细致近乎苛刻的准备和将所有可用时间用来读各种"闲书"。

再次，要因势利导，善于转化。

就像布鲁姆说的，"没有预料不到的结果，教学也就不成为一种艺术了"。在课堂教学中，教师要能够随着学生的课堂表现来灵活调整教学步骤，充分施展自己的随堂机智。

下面是我教学实践中的实例。一次讲作文"触动心灵的人和事"，下面的一段是我备课时作为正面的例子的："我正贪婪地嗅着蛋炒饭的香气，突然看到一根头发。那发丝又黑又长，分明是妈妈的头发。我眼前不知怎地，浮现出妈妈为我做饭的情景。昏暗的灯光下，她擦着汗珠，不小心碰掉了一根头发，她完全没有注意，因为她的心全在儿子身上。我停下筷子，细细地凝视这根头发，它是柔软的，比一根草、一滴水、甚至一片云还要柔软，比它更柔软的，我猜只有母亲的心了吧？"我觉得这一段描写细腻，手法得当。

可在公开课的课堂上，让大家把不喜欢的文段挑出来时，第一个被挑出来的竟然是这一段，学生的理由是，饭菜里有头发感觉会恶心，就不可能想到后面的那些。这是我之前没有想到的，学生说的的确有道理，不能生硬推翻，必须因势利导，于是我顺势得出第一个结论——真实是作品感人的前提。之后我让大家修改一下，这段怎样修改能真实感人呢？学生说如果是白发就不会觉得恶心了，或者把妈妈改成奶奶，或者交代妈妈是带病为我准备早餐……这样自然地引出写作的第二个要点——注意细节。

因为这个小意外，我深深地明白了课堂有着各种变化的可能，就算设计得再精心，以不变的教案都不足以应付百变的课堂。精彩的课堂是以变应变，因为碰撞所以变化，因为变化成就精彩。在课堂教学中，教师因势利导，抓住时机，善于变通，就会通过师与生、生与生的交流互动，碰撞出火花，从学生的质疑问难、思考探究中发现学生在知识、情感、态度、价值观上不断生成的需要，顺势对自己预设的问题、教学思路做出富有创意的调整，然后就能收获无法预约的精彩。

综上所述，教学机智不是一种简单的教学行为，它首先是对教学活动的本质的一种深刻的认知，然后需要通过"博学而日参省乎己"进而成为一种智慧，之后才是在教学活动的实践中表现出来的一种恰当的行为。它符合新课改的核心理念"以生为本"，有助于改变老师的教学模式，进而能够改变传统的课堂模式，创建教师关注学生的学习过程和方法，引导学生主动参与、乐于探究、勤于动手、主动获取知识的的新的课堂模式。

参考文献：

[1] 赵正铭. 略论课堂教学机智 [J]. 中国教育学刊，2002(3):40–42.

[2] 高顺翠. 浅谈课堂教学中的教学机智 [J]. 素质教育论坛月刊，2011(3):91–92.

《梦游天姥吟留别》教学全景再现 ①

【教学设计】

一、教学目的：

1.通过品读，引导学生从形象、语言、表达技巧等角度自由鉴赏诗中体现李白"思不群"之处。

2.通过深入探究，引导学生体会李白蔑视权贵、傲岸不屈的高尚人格。

二、教学重点、难点：

通过深入探究，引导学生体会李白蔑视权贵、傲岸不屈的高尚人格。

三、课时安排：

1课时。

四、教学步骤：

（一）导入

请同学回忆学过的或者是熟悉的李白的作品，感知其诗歌作品的风

---

① 2015年代表辽宁省参加"语文报杯"全国中青年教师现场课大赛的比赛实录。

格，出示诗圣杜甫在《春日忆李白》中对李白的评价：白也诗无敌，飘然思不群。

（教学说明：引导学生理解"思不群"，以此激发学生在本诗中对李白"思不群"之处探究的兴致。）

（二）梳理分析

活动设计：

1. 从"头"入手，分析标题中体现李白"思不群"之处，这其实也是示范，目的是引出下面学生对其"思不群"的自由鉴赏并且让他们有据可依。

设问（1）：鉴赏诗歌一般从头开始，大家觉得本诗标题交代了哪些信息？

预设：事件、体裁、缘由。

体裁这一点学生未必会关注，如学生作答时没考虑"吟"字是一种诗歌体裁，那么就用设问2的方式进行强调。如学生关注到，则此问就可取消。

设问（2）：让学生诵读本诗标题，明确究竟该如何断句，目的是让学生了解吟是一种文体。出示幻灯片——吟，古体诗中的一种体裁，经常与"歌行"并称"歌行吟"。其体裁特点是形式自由，句式长短参差，不讲对仗，押韵也较为自由。

设问（3）：你们觉得标题中是不是能体现诗仙的"思不群"？在哪里体现的？

预设：学生会答出"梦"或者"梦游"，具体说是用梦游的方式写离别。

2. 以"梦"为抓手，梳理诗歌结构，目的是为了厘清诗歌结构，便于之后对诗歌内容进行自由鉴赏。

设问：那么全诗都在写梦游吗？除了梦游还写了什么？

预设：第二段集中写梦。第一段写入梦的原因。第三段是梦后的感慨。

（三）自由鉴赏

设问：请问大家在之前的诗歌学习中积累了哪些赏析诗歌的方法？

预设：诵读、知人论世、品味语言、注意技巧、把握形象、意象意境。

总结归纳：大家所说的方法基本围绕着读和赏，看来大家对如何赏析一首诗歌已经有了一定的心得。李白的诗歌有凌云之气，读才能得其宜。而情以言传，要想与诗人的心灵对话，先要与他的文字对话，品方能尽其妙。

所以下面开始品读，品一品这首诗歌中有什么"别有用心"之处，体现着诗仙的"思不群"？

（教学说明：放虽不设限，但思需有度。自由鉴赏自然是为了让学生拥有最大限度的自主，真正"各取所喜"，由喜爱进而有兴趣再到有领悟。让学生回忆之前熟悉的赏析诗歌方法是为了让学生在自由鉴赏时有的放矢，有法可依。）

提前预判学生可能的鉴赏方向：

第一段：

对比夸张，手法体现了思不群。"天姥连天向天横，势拔五岳掩赤城。天台四万八千丈，对此欲倒东南倾。"横（冲），拔（超），掩（遮、挡），语言体现了思不群。

第二段：

1. 所选景物体现思不群。

诗中景物与寻常离别之景不同。一般诗人会选择长亭短亭，折柳相送。可诗中李白所见是湖、月、水、海日、黑云密布、水面升烟、青冥浩荡、日月照耀、彩虹为衣、驱风为马、鸾凤驾车，所闻是猿啼、天鸡鸣唱、熊咆龙吟、雷鸣电闪、山崩地裂、老虎奏乐。大部分是不同寻常的事物，而且是变化着的。

［教学说明：拟在此处落实单元教学目标——置身诗境，缘景明情。诗中景色多变，情感不同。旷远清幽（轻松飘逸）（飞度）、明朗绚丽（流连欢愉）（迷）、凝重阴郁（惊心动魄）（栗，惊）、瑰奇富丽（惊奇赞叹）（訇然，日月照耀金银台）。引导学生体会景因情变。］

2. 神奇想象体现思不群。

（教学说明：此处是鉴赏重点，所以要"不厌其烦"。落实读——你觉得这是场什么样的聚会，李白有什么样的心情，要通过读，传达出自己的感受。然后找学生说听完的感受，看读者和听者的感受能否若合一契，不行再读。深入问——诗人为什么要浓墨重彩地写一次仙人聚会？）

为了帮助学生深入思考，此处插入幻灯片，出示相关背景——李白一直渴望布衣而卿相，所以他周游各地，结交权贵，期望能够实现"济苍生""安黎元"的政治理想。天宝二年，因朋友吴筠推荐，李白被唐玄宗召入长安，他高吟"仰天大笑出门去，我辈岂是蓬蒿人"，入朝做了供奉翰林，时年 42 岁。此时的李白，满心以为可以实现自己的政治理想了，但玄宗沉溺声色，宦官权臣当道，一身傲骨的李白最终被以"赐金放还"的名义排挤出朝廷。政治上的失意使他心情非常苦闷，也使他认清了封建统治者的荒淫腐朽。在被迫离开长安的第二年，李白准备由东鲁南游吴越，行前作此诗以明心迹。

预设：如果学生思维活跃、思考深入，就顺势深入，探究一下为什么李白要置身仙境之外，写一场自己没有置身其中的仙人盛会。

引入相关资料：

《游泰山六首》（其一）（节选）
　玉女四五人，飘飘下九垓。
　含笑引素手，遗我流霞杯。
　稽首再拜之，自愧非仙才。
　旷然小宇宙，弃世何悠哉。

在魏晋的游仙诗中，诗人往往不是游仙的主角，游仙多是仙人"带我""导我"，但在李白的大部分游仙诗中，这位"谪仙人"在进入仙境时就如同旧地重游，与仙人相遇就好像是故人重逢。除了《游泰山六首》，《古风十九首》之十九中也有"西上莲花山，迢迢见明星。素手把芙蓉，虚步蹑太清。霓裳曳广带，飘拂升天行。邀我登云台，高揖卫叔卿。恍恍与之去，驾鸿凌紫冥"的诗句。（幻灯片出示。）

但是，在这首诗中，李白却只写了仙人，没有写与之同游。请同学们深入思考一下这是为什么呢？

预设（1）：现实就是现实，浪漫如李白，也摆脱不了在现实面前要向权贵"摧眉折腰"，不这样做，在朝廷中就站不住脚。所以李白进不去仙境。

预设（2）：恰到好处地停止想象，与现实形成对比，也显示出诗人对现实的无奈。范德机（元代诗人）云："'枕席''烟霞'二句最有力。"其意思大概就是诗人不得不承认现实，人还是得生活在现实中。仙境越美好，说明现实越无奈。

预设（3）：不是不能，是李白不想进入仙境。如果诗人也进入仙境，仙与人其乐融融，诗人的一腔怨愤就被化解了很多，因为看神仙世界好，是羡慕，正说明自己在现实社会中想做而做不成；如果做成了，现实的"不得开心颜"的事也就可以不想它了。

预设（4）：李白布衣供奉翰林，御史调羹，贵妃捧砚，力士脱靴，其实，他也可以凭着自己的文才换取功名利禄，也就是进入"仙境"，对他来讲完全力所能及，只要他多为皇帝佞臣献些媚词。可他"天子呼来不上船，自称臣是酒中仙"，他有着傲王侯的胆量和骨气。

（这一环节是为了深入了解李白、理解李白，是基于和诗歌文本本身的对话的一次深入和升华，是要借体会李白的"思不群"以激发展现学生的"思不群"。大赛并未预留师生见面的时间，而所选的又是刚刚结束高一学习，还没有进入选修学习的学生。教者对于学生的状态水准全然不知，所以只能相机而定，随机应变。所以此部分设计是否能够实现需要看学生们的素养，视学生的课堂反应灵活处理。如不能落实，就直接由知人论世理解到李白浓墨重彩写仙人聚会是为了表达对现实的无奈或者愤懑，切入到下面深入探究的相关问题。）

（四）深入探究

问题1：

一切景语皆情语，我们解析标题时说到是要留别，李白所选之景，所绘之仙境，和惯常的离别完全不同。醉翁之意不在酒，难道李白之意不在别？那他要干什么？

（教学说明：由此切入第三段"安能摧眉折腰事权贵，使我不得开心颜"，体会李白的傲岸不屈。）

问题2：李白既然这么傲视权贵，这么追求自由，那么离开朝廷，他应该是备感高兴，而醒后的失落，"世间行乐亦如此，古来万事东流水"的消沉怎么理解？

（教学说明：引导学生明白李白作为一个人，他可以有感伤、难过这样的"常情"。而他值得敬佩恰恰是他能超越这样的"人之常情"进而站成了一种人格的高度。

古今本同理，王羲之《兰亭集序》"古人云，'死生亦大矣！'岂不痛哉！"王勃《滕王阁序》"怀帝阍而不见，奉宣室以何年。"苏轼《念奴娇·赤壁怀古》"人生如梦，一樽还酹江月。"……）

归纳升华：和人生无常、变幻莫测相伴而来的，不是对人生的妥协，不是向命运的屈服，不是与权贵同流合污、卑躬屈膝，而是决然离去，"且放白鹿青崖间，须行即骑访名山"，这也正如孔子的"道不行，乘桴浮于海"，保持了自己独立的人格，体现了自己作为人的尊严，一腔正气，一身傲骨。

（这一部分根据学生的情况来确定多说还是少说，学生有能力配合，就多一些，不然就少一些。不影响"学生学"这一理念。）

（五）结语

"白也诗无敌，飘然思不群"，幸有思不群的李白，江山明月才变得如此多娇。读他，四壁间仿佛也溢满酒香，品他，心中也涌起豪气万丈。

（教学说明：在教学设计时抓住杜甫"白也诗无敌，飘然思不群"的评价，紧扣"思不群"，力求在课堂上借作者之"思不群"激发学者之"思不群"。)

【课堂实录】

师：同学们，大家好。今天这节课我们要一起学习，尽管我们年龄不同、地域有别，可我们的朋友圈中恐怕会有一位共同的好友，（学生笑）他就是今天我们要学习的这首诗歌的作者李白。请大家回忆一下，你们之前学过或者熟悉他的哪些诗歌？

生：《静夜思》。

生：《赠汪伦》。

生：《蜀道难》。

……

师：大家熟悉李白，可以说他的诗歌陪伴了我们的成长。那么你们觉得他的诗歌有什么突出的特点呢？

生：我觉得李白的诗歌清新飘逸。

生：我觉得李白特别擅长在诗歌中运用大胆的夸张、神奇的想象。比如说"我寄愁心与明月，随风直到夜郎西"。

生：对，典型的还有《蜀道难》，"地崩山摧壮士死，然后天梯石栈相钩连""上有六龙回日之高标，下有冲波逆折之回川"……

师：大家熟悉李白，对他的诗歌风格也给出了恰当的评价。李白的知交好友诗圣杜甫也曾评价过李白，他说"白也诗无敌，飘然思不群"，（出示幻灯片）请同学们理解一下"思不群"是什么意思。

生：是说他的思维与众不同。

师：是思维与众不同？（重读思维，提示学生思考此词是否恰当。）

生：我觉得思维用得不准确，应该是李白思想情感与众不同。

师：说得好！那么我们常说文如其人，李白思想情趣的卓异不凡也应该会体现在他的诗歌当中。今天我们就尝试着在本诗中去体会诗仙的"思不群"！

师：同学们，鉴赏诗歌一般从头开始，大家觉得标题当中交代了哪些信息？

生：事件。就是做梦游了天姥山。

生：还有写诗的缘由，李白写这首诗是为了留别——别东鲁诸公。

师：除了这两个同学所说的，标题中还有什么有价值的信息吗？

（生沉默。）

师：好，大家觉得没有了，那么有请一位同学读一下诗歌的标题。

生：梦游天姥／吟留别。

师：其他同学还有别的断句方法吗？

生：梦游天姥吟／留别。

生：梦游／天姥吟／留别。

生：第三种断法肯定不对，"梦游天姥"是个动宾结构，交代本诗的中心事件，不应该分隔开。

师：说得正确，那么前两位同学争议的焦点在"吟"字的处理方式上，究竟如何断，取决于我们对"吟"字的理解，请同学们思考一下，标题中的"吟"字究竟是什么意思？

（生思考，也有的同座之间小声交流。）

生：应该是第二种断法，"吟"不是吟咏的意思，而是一种文体。

（学生大都点头赞同。）

（顺势出示幻灯片，帮助同学了解相关文体知识——吟，古体诗中的一种体裁，经常与"歌行"并称"歌行吟"。其体裁特点是形式自由，句式长短参差，不讲对仗，押韵也较为自由。）

师："白也诗无敌，飘然思不群"，那么本诗标题中是不是就体现了诗仙的"思不群"？如果是，在哪体现的？

生："梦"，从这个字就可以看出李白的与众不同，他要告别朋友，写一首诗赠给他们。可是他是用梦游的方式写离别。

师：请问全诗都在写梦游吗？除了梦游还写了什么？

生：第二段集中写梦游天姥山。第一段也和梦游天姥山有关系，它交代了诗人为什么要梦游天姥山。第三段是写诗人梦醒了之后的一些感慨。

（出示幻灯片：梦因——梦游——梦醒。）

师：好，我们以梦为线索，梳理了诗歌的结构。这便于我们切入文本，深入研读。这首诗歌大家都读了吧，有没有文字上的疑难之处、句读上不清楚的地方？

（虽然公开课惜时如金，可我还是不愿意"走过场"，这毕竟是文言写成的诗歌。上公开课的毕竟只是高一刚结束的学生。我希望能让学生落实知识上的重点，解决知识上的难点。）

生：老师，"忽魂悸以魄动"的"以"字是什么意思？

师：好的，我们先开启同学互助模式，哪位同学能帮助解答？

生："以"是个虚词，和"而"差不多。

师：好，你就是他的一字师啦！其他同学还有无疑问？

（学生纷纷摇头。）

师：大家既然熟读之后没有疑问了，下面我们要品读了！请问大家在之前的诗歌学习中积累了哪些赏析诗歌的方法呢？

生：诵读，通过读去弄懂诗歌的意思。

生：知人论世。要了解重要作家的生平经历，了解相关的时代、创作背景，这样能够帮助我们更好地读懂诗歌，把握作者的思想感情。

生：品味语言。

师：说得好。诗歌因其短小，就更重视锤炼语言。很多炼字的故事我们都耳熟能详，比如"两句三年得，一吟双泪流""吟安一个字，捻断数茎须""为人性僻耽佳句，语不惊人死不休"。

生：还有可以分析表达技巧，通过弄清手法体会诗歌的情感。

生：诗中一般会塑造形象，可能是人也可能是景物，我们可以抓住形象去理解诗歌。

师：归纳一下大家所说的方法，基本围绕着读和赏，看来大家对如何赏析一首诗歌已经有了一定的心得。尤其是李白的诗歌，它有凌云之气，所以读能得其宜。而情以言传，要想与诗人的心灵对话，先要与他的文字对话，品可尽其妙。刚才老师说下面我们要品读！所谓熟读自然是越流畅越好，而所谓品读是读有所感就停下来深入思考品味一下。是心有所思，重点赏读。下面我们用 5 分钟的时间，品一品这首诗歌中有什么"别有用心"之处，体现着诗仙思想情感的卓异不群。

（出示幻灯片，展示品读要求：1.通读全诗，疏通诗意。 2.找到自己认为写得好的诗句进行重点品读。从诗歌的形象、语言、艺术手法、思想情感等角度进行鉴赏。 3.与大家分享鉴赏成果时，请尽可能按照文本的先后顺序进行。）

（学生开始品读，虽然我提示他们自由诵读，可以默读、可以出声读，但没人出声，都是默默地看书，恐怕众目睽睽之下，还是有些紧张。）

（严格计时 5 分钟，希望能给出相对充分的时间，尽量让学生阅读、思考得更深入。）

师：时间到了，下面请同学们赏析。大家注意李白诗歌的特点是天马行空，大家在品读时只要抓住读和赏，具体落实到形象、语言、技巧这几个鉴赏点中的哪一个都可以，落实和梦有关的哪一部分也完全可以"任性"。不过在回答时请同学们尽可能还是以文本的先后为序，这样比较合乎认识的规律，也有利于听者把握。

生："天姥连天向天横，势拔五岳掩赤城。天台四万八千丈，对此欲倒东南倾。"这几句运用对比夸张的手法，写出了天姥山的气势，体现了作者的思不群。

师：赏析得非常精当，那能不能请你读一下，读出那种气势？

（生朗读。）

师：你读得节奏分明，重音突出。我注意到你重读了横、拔、掩，为什么呢？

生：横是直插的意思，写出山的高，拔是超出，掩是遮住的意思，都突出天姥山的高大，比较有气势。

师：通过你的讲解我明白了，确实应该重读。而且受你的启发，我觉得为了更有气势咱们能不能换几个字？比如把横换成冲，把拔换成超，掩就干脆说遮，这样岂不更好？

生：（低头看注释）横是直插，更有力量感，冲不行。

生：拔也比超好，它给人拔地而起的感觉，而且读起来也更有气势。

生：遮就是遮住，没法儿感受到力量也不知道遮住多少，掩就感觉完全掩盖了，更体现山高。

师：李贺曾说"寻章摘句老雕虫"，原来却咬文嚼字乐在其中！你的理由充分，理解恰当，原字的确更突出一种气势，结合刚才的分析请你再读这几句。

（生再读，比之前声音洪亮，更有气势。）

生：我喜欢"熊咆龙吟殷岩泉，栗深林兮惊层巅"这两句，我觉得其中所选景物体现作者的思不群。我感觉这两句和之前的景色不同，比较壮丽。

师：噢，你有两个结论。你认为景物描写有变化，这句所写的景物是壮丽的。同学们还有喜欢这两句的吗？你和他的看法相同吗？

生：我也认为是壮丽的。

生：我也同意。

生：看法相同。

师：好，那么请问其中的"栗"和"惊"是什么意思？

生：使深林战栗，使层巅震惊。

师：请你读一下这两句。

（生读。）

师：同学们，通过对"栗"字和"惊"字的理解，大家觉得他的诵读体现出壮丽的感觉了吗？

生：没有，应该不是壮丽，是挺让人害怕的，是阴郁的感觉。

师：是啊，他读"栗深林兮惊层巅"的时候声音都有些颤抖了，那分明不是惊喜而是惊吓。刚才同学提到了诗人所写景物是变化的，请同学们找出景物的变化。

生：一开始时诗人是挺高兴的，然后才变得惊心动魄心惊胆战的。

师：何以见得呢？我们常说要言之有据，我们要到哪里去找"据"呢？

生：文本中，老师一般都强调文本意识。就是从"一夜飞度镜湖月"可以看出来。诗人说"飞度",飞一样的感觉多轻松啊,一定是挺快乐的。

生:对,还有"湖月照我影,送我至剡溪",湖月像人一样有情有义,陪伴着我,恋恋不舍地送我到剡溪。说明作者心情很好,所以觉得月亮都有情。

生:还有"迷花倚石忽已暝",诗人一路欣赏,看奇花怪石,不知不觉天都晚了,说明他喜欢这里的景色,心情高兴。到"熊咆龙吟殷岩泉,栗深林兮惊层巅",感情就变化了。景色阴郁凝重了,感情也低沉了,到仙人出场,感情又有变化了。

师:分析得很好,刚才同学认为本段无论是所选景物还是景物的变化都体现了李白的"思不群",那么这段中最鲜明、最集中地体现"思不群"的部分大家认为是哪一部分呢?

生:(齐答)仙人聚会。

师:也就是刚才同学提到的感情再变之处,仙人出场了。请同学们自由诵读这一部分,揣摩体会其"不群"。

(生自由诵读,但声音较低。)

师:仙人聚会有什么特点呢?请同学们推荐一位同学给我们读一下这一部分。

(大家推荐一生诵读。)

生:排场比较大。

师:(提示)言之有据!

生:(补充回答)仙人比较多——仙之人兮列如麻。人多啊,不,是仙人多,多就显得热闹,比较有气氛。

生:还有出场之前的描写也突出了排场大。"列缺霹雳,丘峦崩摧。”"青冥浩荡不见底，日月照耀金银台。"

生：还有他们的坐骑什么的比较气派。"风为马""鸾回车"。还有仙人们出场还配乐，而且是老虎鼓瑟。

师：以霓为衣，驱风为马。青鸾回车，猛虎鼓瑟。这真是此景只能天上有，凡人谁得竟相见。那么诗人为什么要浓墨重彩地写一次仙人聚会？

（生沉默。）

师：我们之前鉴赏的时候大家用到了抓住技巧、品味语言、读中见意等手法，大家可以思考一下，要解答这个问题我们可以使用之前学过的什么鉴赏手法？

生：知人论世。

（顺势出示幻灯片，交代相关背景。）

（借助背景材料，学生开始了探究，或独立思考，或三两合作研究。）

生：他借梦要影射现实。其实他有远大的理想，他想布衣而卿相，想进入这样的仙境。

师：你的意思是说，仙境其实是现实的再现。那么美好的仙境是李白一直向往的，其实也就是进入朝廷，期望能够实现"济苍生""安黎元"的政治理想。

生：根据背景材料，李白在现实生活中不如意，所以他就极力写仙境的美好。这样与现实的丑恶就形成了鲜明的对比，突出了现实的无奈。

师：理想很丰满，现实太骨感。浪漫如李白也无法超脱，也只能一声叹息。

师：好的。我们梳理一下，第二自然段写虚写之景出人意料，选择意象奇，景致变化亦奇，仙人之境更奇，一切景语皆情语，我们解析标题时说到是要"留别"。李白所选之景，所绘之仙境，和惯常的离别完全不同，醉翁之意不在酒，难道李白之意不在别？

生：他要表达感情。

师：没错，"诗言志"，可他要借离别写什么情呢？诗中哪句话鲜明、强烈地抒发出了李白胸中块垒？

生："安能摧眉折腰事权贵，使我不得开心颜"！

师：自己大声读这句话，揣摩、体会李白的情感。

（生读。）

师：请一位同学读这句诗，注意读出你对李白的情感的理解。

（一学生读。）

师：你觉得你读出李白的什么情感了？

生：我觉得李白是傲岸不屈的，他不肯摧眉折腰。

师：请问摧眉折腰是什么意思？

生：低头弯腰。

师：那就用低头弯腰多好懂啊？我们把它换过来好不好？

生：好。

（请该生坐下，再问另一同学。）

生：不行。（低头看注释）摧和折都有折断的意思，程度比较重。

师：噢，我明白了，（稍微低头弯腰做示范）这样是不是摧眉折腰？

生：（笑）不是，再低点儿！再低！

师：（师配合示范）是啊，如果低头弯腰还可能选择隐忍，那么摧眉折腰的屈辱就是忍无可忍啊！既然这样，那么离开屈辱之地实在是可喜可贺啊，应该"仰天大笑出门去"啊！

（生笑，点头。）

师：请同学读读梦醒后两句，"忽魂悸以魄动，恍惊起而长嗟"。

师：大家读出了什么情感？

生：恍惚。

生：失落。

师：这样老师就困惑了，李白他既然这么傲视权贵，这么追求自由，那么离开朝廷，他应该是备感高兴，世界那么大，骑鹿看看吧！（生小声笑。）那么醒后的失落，"世间行乐亦如此，古来万事东流水"的消沉又该怎么理解？请同学们讨论之后作答。

（生自觉地三三两两凑在一起，小声研究。师巡视时偶尔询问、倾听或给予适当的指引。）

生：李白也是人，遇到挫折也会感伤、难过，这很正常。

师：那么为了证明这很正常，请你举出几个例子。你可以向同组的或者是其他同学求助。

（生集体沉默。）

师：好吧，你也可以向我求助。我们之前学过王羲之《兰亭集序》，积极入世，反对清谈的王右军也感慨"死生亦大矣！岂不痛哉！"，之后你们要学到的王勃《滕王阁序》，少年才子，意气风发，怎奈时运不齐，命途多舛，也黯然伤神，"怀帝阍而不见，奉宣室以何年"。人生多舛，人有常情，最难得的是他们超越常情，才站成了令我们仰望的高度！

师：同学们，我们熟读、品读、还细读了这首诗，都说熟读成诵，那么大家成诵了吗?

（生摇头。）

师：好，那么大家能背下了的部分就不看书，背不下来的地方可以读，咱们再次置身诗境，和谪仙一起再一次共梦这场奇幻之旅。

（提示时间到，所以改成只读最后一段。师合上书，背诵，学生或读或背。）

师："白也诗无敌，飘然思不群"，幸有"思不群"的李白，江山明月才变得如此多娇。读他，四壁间仿佛也溢满酒香，品他，心中也涌起豪气万丈。亲爱的同学们，特别高兴和你们共同学习了李白的诗歌，期待若有相逢日，重与细论文。

【教学反思】

《梦游天姥吟留别》一诗是经典诗歌。本次大赛是顶级赛事。在规矩中求新意，带着镣铐跳舞是比较没有风险的做法。

我设计的思路是以杜甫在《春日忆李白》中对李白的评价："白也诗无敌，飘然思不群"来构建全课，力求以作者的"思不群"激发学生学习兴趣，进而体现学生的"思不群"。在教学设计中设计了解题、梳理诗歌结构等常规项目，目的是把课上实，让学生在知识上、鉴赏方法上确有收获。

我把教学的重点难点放在鉴赏诗中对仙人聚会的描写，进而引导学生体会李白蔑视权贵、傲岸不屈的高尚人格。也力求在此落实本单元的重点，置身诗境、缘景明情。

在实际教学中，在解题环节用时偏长，对于诵读这一主线的贯彻也执行得不尽人意。到重点探究这一环节时，学生通过知人论世解决为什么李白要描写仙人聚会时已经有些吃力，我也只能放弃之前的设计，虽然听者可能感觉是自然过渡，可教者确实心有遗憾。

在我 16 年教学生涯中参加的校、市、省、国家级的大大小小的比赛中，这是唯一一次获得二等奖。这是大家都能看到的遗憾。而令我真正难以释怀的遗憾却是作为一个师者，在课堂上少了我一贯熟悉的碰撞、激发与激情，个中失落，难以言传。

王安石说，"世之奇伟、瑰怪，非常之观，常在于险远，而人之所罕至焉，故非有志者不能至也。有志矣，不随以止也，然力不足者，亦不能至也。有志与力，而又不随以怠，至于幽暗昏惑而无物以相之，亦不能至也"。

一节课的成功虽未必需要天时地利人和俱全，却也是实力运气状态缺一不可。开课之初学生说李白作品时说到《登鹳雀楼》，我一边重复标题，心里一边反应的竟然是"登黄鹤楼"。课后一想真是莫名其妙，《赤壁赋》《滕王阁序》那样的长文是我儿子年幼时我背来哄他睡觉的儿歌，课内所有要求背诵的篇目我基本烂熟于心。竟然鬼使神差，一错如此，实在有负胸中万卷书！

"然力足以至焉，于人为可讥，而在己为有悔。""人讥"实不足畏，"己悔"着实感伤。可细细思量，然后发现，其实去比赛之前，我已经收获满满。那是专业的夯实，是技能的提升，是内心的圆满。

此中有真意，欲辨已忘言。

《梦游天姥吟留别》课例赏鉴 [①]

　　摘　要：新教材的"新"体现在人文主题和任务群双线并行，不可偏废。所以本课的教学设计力求将二者结合：授之以"法"——教会学生鉴赏诗歌的方法，落实任务群的要求；导之以"方"——引导学生体会诗人"不群"的思想，领悟人文主题。同时增强学生们对传统文化的热爱，增强学生们传承传统文化的意识。最后要学以致用，勾连阅读和表达，尝试写作。

　　关键词：双线；"神"不群；"形"不群；读写融合

【教学设想】

　　本课是新教材必修上册第三单元第8课，单元的人文主题是"生命的诗意"，隶属于"文学阅读与写作"任务群。教师面对的教学对象是刚刚升入高中的学生。在他们通过第一单元的学习了解青春的价值，第二单元的学习明确劳动的意义之后，要引导他们体味更为深邃的思想，

---

　　① 2021年参加教育部精品课遴选最后入选后，应《语文教学通讯》要求整理的课例赏析。

了解更为复杂的社会和人生。通过本单元的学习，要引导他们体味古人的情感，加深对社会和人生的思考，落实单元的人文主题。另外古诗词是中华传统文化的瑰宝，要教会他们鉴赏的基本方法，落实任务群的要求。新教材的"新"体现在双线并行，不可偏废。所以在教学设计中要将人文主题和任务群巧妙结合，授之以"法"，导之以"方"，带领学生探寻古诗词中的文化基因，增强他们对传统文化的热爱，也增强他们对传统文化的传承意识。新教材打破了以文体为划分依据的单元模式，但却将阅读和表达结合得更加紧密。语文的核心能力是阅读与表达，所以在教学中要教会学生勾连阅读和表达，培养他们的写作能力。

据此设定如下教学目标：

1. 通过诵读品味，引导学生从意象、意境入手，抓住关键字句，鉴赏本诗"思不群"之处。通过深入探究，引导学生体会李白蔑视权贵、傲岸不屈的高尚人格，领会诗人对生命的思考。

2. 体味不同诗歌体裁的表达效果有何不同。引导学生对诗歌内容的精深处、形式的完美处、语言的精妙处深入探究，尝试写诗歌短评。

【课例实录】

人有一知己

导入。

师：亲爱的同学们，大家好。很高兴能和大家共同学习。尽管我们年龄不同、地域有别，可如果我们可以选择一位我们喜欢的古人，把他请进入我们的朋友圈，那么我们的圈中可能就会有一位共同的好友——李白。可以说李白的诗歌陪伴了我们的成长。对于李白诗歌的成就和风格，文学史上公认的经典评价来自于他的知交好友——诗圣杜甫，他说

"白也诗无敌，飘然思不群"，这节课我们就通过学习本诗，来体味李白的"思不群"之处。

（以"朋友圈"勾连古今，创设情境、导入新课，也以朋友的身份引出杜甫的评价，架构"主问题"。）

奇诗共赏之

师：古人说"题者，额也；目者，眼也"，可见题目的重要性。所以我们的鉴赏需要抓住标题。本诗的学习，我们就从鉴赏标题开始。（落实文学类任务群的阅读要求，明确鉴赏方法。）大家看看我们从诗歌的标题中能够获得哪些有价值的信息呢？

生：事件。就是做梦游了天姥山。

生：还有写诗的缘由，李白写这首诗是为了留别，也就是注释中的别东鲁诸公。

师：好的，那么同学们觉得本诗标题中哪个字最能体现诗仙的"思不群"？（引出"主问题"。）

生（异口同声）："梦"字！

师：老师总结一下。离别本是寻常之事，可李白用记梦的方式写离别，这种形式就很不同寻常了。这是一首送别诗，离别之情一般无外乎分别愁苦，对朋友关切勉励以及别后寂寞伤怀等常规情感，那么李白这首送别诗的情感又能有什么不群之处呢？我们进入学习任务一。

一、神中藏殊渥

学习任务：探究作者思想情感的"不群"之处。

师：为了整体把握诗歌，我们首先梳理诗歌的脉络。沈德潜在《唐诗别裁》中评价本诗，说"诗境虽奇，脉理极细"，请同学们抓住标题中的"梦"字，快速地梳理出本诗的脉理。

生：先是交代了入梦之因，再写梦游奇景，最后是梦醒嗟叹。

师：好，我们以梦为线索，梳理了诗歌的结构。这便于我们切入文本，深入研读。但首先我们得读懂诗歌。这首诗大家有没有文字上的疑难之处和句读上不清楚的地方？下面就请大家默读，然后以小组为单位质疑解难。（这个环节可以把它分为两个阶段，第一个阶段大家以小组为单位梳理重点知识，如有共同的疑难就提出来。第二个阶段是小组间的相互挑战，大家尝试着用自己所掌握的知识考察其他小组。）

生：老师，"忽魂悸以魄动"的"以"字是什么意思？

师：好的，这是你们小组共同的问题，对吧？

生：（不好意思）是我自己的问题。

师：那我们先开启你们小组内部互助模式，哪位同学能帮助解答？

生："以"是个虚词，和"而"差不多。

师：好，你就是他的一字师啦！其他小组同学还有无疑问？

（学生纷纷摇头。）

师：好的，下面我们小组间挑战模式正式开启了！出题者有权让其他小组抢答或者直接指定某一小组作答。

生：我们小组提出的问题是"越人语天姥"中的第三个字应该怎么读，是什么意思？大家可以抢答。

生：这个问题很有价值，这个字特别容易错读成四声，其实应该读"yǔ"，因为它是说起的意思而不是告诉的意思！

师：这位同学的回答也特别有价值！言简义丰，有对出题者的赞美，有对问题的判断，还体现了自信！

生：我们组的问题想请刚才得到老师表扬的这一组回答一下，"熊咆龙吟殷岩泉"中的"殷"字在这里是什么意思？

　　生：好，我们迎战，本文中的"殷"字含义比较特殊，是震动的意思，这里是使动用法。

　　……

　　师：我们小组间的挑战真是深谙要领，渐至佳境啊！扫清文字障碍之后，我们可以深入研读了。在第一单元我们已经学过诗歌了，大家思考一下，在诗歌的写作中，如何能营造奇异之境呢？（落实文学类任务群的阅读要求，明确鉴赏方法。）

　　生：借助意象的选择和语言的切磋琢磨。

　　师：这位同学一语中的，我们要从意象、意境入手，抓住关键字句，赏析诗境之奇，领悟情感之奇。下面就请同学们开始自由鉴赏，找出你有心得之处，分享给大家。

　　生："天姥连天向天横，势拔五岳掩赤城。天台四万八千丈，对此欲倒东南倾。"这几句诗运用对比夸张的手法，写出了天姥山的气势。大家注意诗人意象的选择，"五岳归来不看山"，可五岳在天姥山的面前气势全无。写天台山，着重写它高达四万八千丈，却也拜倒在天姥山脚下。这些意象的选择体现了作者的"思不群"。还有我们在读的时候，一般会重读"横、拔、掩"，为什么呢？"横"是直插，有力量感。"拔"给人拔地而起的感觉，而且读起来也有气势。"掩"就感觉完全把对方掩盖了，更体现天姥山的高。

　　师：这位同学鉴赏得特别专业，你能不能把这几句给大家范读一下？

　　（生有气势地读，大家鼓掌。）

　　师：这位同学珠玉在前，有没有同学要挑战一下？

生：我关注到了"熊咆龙吟殷岩泉，栗深林兮惊层巅"这两句，觉得所选景物也体现了作者的"思不群"。诗人的情感一开始是轻松愉悦的，从"一夜飞度镜湖月"可以看出来。诗人说"飞度"，飞一样的感觉，很轻松，很快乐。还有"迷花倚石忽已暝"，诗人看奇花怪石，不知不觉天都晚了，说明他喜欢这里的景色，心情高兴。到"熊咆龙吟殷岩泉，栗深林兮惊层巅"，感情就变化了。景色阴郁凝重，感情也低沉了，意象虽然很大，但意境有些阴郁，和之前的轻松优美相比，变化明显。

同组同学补充：其中的"栗"和"惊"是使深林战栗，使层巅震惊的意思，用字精当。

师：非常好。同学们，李贺曾说"寻章摘句老雕虫"，我们在这两位同学的带领下却发现咬文嚼字乐在其中！这两位同学所关注的地方都体现了李白的"思不群"，那么这段中最鲜明、最集中地体现"思不群"的部分应该是？

生抢答：仙人聚会。

师：请你概括一下仙人聚会有什么特点呢？

生：仙人比较多。"仙之人兮列如麻"。

生补充：排场比较大。"列缺霹雳，丘峦崩摧。""青冥浩荡不见底，日月照耀金银台。"出场之前的描写突出了排场大。还有他们的穿着、坐骑也比较气派。

师：这真是"此景只能天上有，凡人哪得几回见"，那么请同学们思考一下，诗人为什么要浓墨重彩地写一次仙人聚会？要解答这个问题我们可以使用之前学过的鉴赏手法——知人论世。（落实文学类任务群的阅读要求，明确鉴赏方法。）

（老师交代相关背景：李白一直渴望布衣而卿相，他周游各地，结交权贵，期望能够实现"济苍生""安黎元"的政治理想。天宝二年，因朋友吴筠推荐，李白被玄宗召入长安，他高吟"仰天大笑出门去，我辈岂是蓬蒿人"，入朝做了供奉翰林，时年 42 岁。李白以为可以实现自己的政治理想了，但玄宗沉溺声色，宦官权臣当道，一身傲骨的李白终被以"赐金放还"的名义排挤出朝廷。在被迫离开长安的第二年，李白准备由东鲁南游吴越，行前作此诗以明心迹。）

师：根据背景材料，请同学们思考为什么李白在诗中描写盛大的仙人聚会场景？

生：他在现实生活中不如意，所以就极力写仙境的美好。这样与现实的丑恶就形成了鲜明的对比。

生：一切景语皆情语，标题说到本诗的写作目的是要留别，可李白所绘之仙境，和惯常的离别情景完全不同。看来醉翁之意不在酒，李白之意不在别。他是借离别抒发心中之块垒。他的目的是高呼"安能摧眉折腰事权贵，使我不得开心颜"！果然是"飘然思不群"！

生：虽然李白梦醒后的恍惚、失落是真的，"世间行乐亦如此，古来万事东流水"的消沉也是真的。这恰恰说明李白是个真人！但他不屈服，这就高尚，就"不群"了。

师：同学，"相知无古今"，你们堪为李白的知己！通过我们的探究，我们明白了伟大的诗人，他们的人生和我们一样，也有数不清的艰难险阻。他们的情感和我们一样，也有喜怒忧惧，难得的是他们超越常情，这才站成了令我们仰望的高度！让我们明白了人生自是有诗意，再艰难的路，何妨吟啸且徐行！（落实单元人文主题。）

二、形体亦不群

学习任务：探究作者在本诗诗体的选择上有何"不群"之处。

师：我们从标题出发，甚有所得。现在我们回到标题，大家觉得本诗标题该如何断句呢？

生：梦游天姥 / 吟留别。

师：其他同学还有别的断法吗？

生：梦游天姥 / 吟 / 留别。

生：梦游 / 天姥吟 / 留别。

生：第三种断法肯定不对，"梦游天姥"是个动宾结构，交代本诗的中心事件，不应该分隔开。

师：说得正确，大家争议的焦点在"吟"字的处理上，请同学们思考一下，标题中的"吟"字究竟是什么意思？

（生思考，也有的同座之间小声交流。）

生：应该是第二种断法，"吟"不是吟咏的意思，而是一种文体。

（生都点头赞同。）

师：本诗是一首古风，标题中的"吟"字应该是诗体的标志。那么这首诗为什么要用"吟"这种诗体呢？（落实文学类任务群的写作要求，明确文体特点。）为了帮助同学们更好地赏析，老师把本诗最能体现"思不群"的神仙聚会场景，改写成了一首律诗，大家可以比较一下二者差别。

列缺霹雳崩丘峦，石扉开处有洞天。

青冥浩荡日月灿，猛虎青鸾仙人畔。

风以为骑着霓衫，乐游天姥已忘返。

云之君兮纷纷现，魂悸魄动深深叹。

生：改成律诗句式整齐，虽然似乎更有气势，但还是觉得有点太规矩了，不自由。

（生赞同。）

师：（出示幻灯片，帮助同学了解相关文体知识。）吟是古体诗中的一种体裁，经常与"歌行"并称"歌行吟"。其体裁特点是形式自由，句式长短参差，不讲对仗，押韵也较为自由，适合笔随兴致，自由奔放的情感表达。律诗结构严谨，字数、句数、平仄、用韵都有较为严格的限制，语言精练，讲究对偶，适合表达深沉悲慨之志。

通过比较我们不难发现，"吟"这种古体诗的自由灵动，才能更好地承载李白的奇思壮志，二者恰似"金风玉露一相逢，便胜却人间无数"。

三、下笔求有神

学习任务：提炼出评价诗文的短评应该具备哪些特点。

师：同学们，回顾本课开始的时候，老师说，对于李白诗歌的成就和风格，文学史上最经典的评价当属诗圣杜甫的"白也诗无敌，飘然思不群"，现在大家可以分组讨论一下，杜甫的评价好在哪里？并且借此提炼出评价诗文的短评应该具备哪些特点。（落实文学类任务群的写作要求。）

生纷纷作答。

师：提炼一下同学们的答案——短评至少需要具备以下两个特点：定题宜小——以小见大，切口小容易开掘深；评论贵透——沿波溯源，切中要害。

读诗见精义，下笔求有神。咱们留两个作业。（落实文学类任务群的阅读和写作要求。）

1. 比较《梦游天姥吟留别》和《登高》《琵琶行》，进一步体会诗人情感，也揣摩不同诗体的表达效果有何不同。

2. 引导学生对本诗内容的精深处、形式的完美处、语言的精妙处进行探究，尝试写诗歌短评。

人生有诗意

结语。

师：同学们，"白也诗无敌，飘然思不群"，幸有"思不群"的李白，让再奇诡跌宕的人生也充满了诗意。读他，世间仿佛充溢着不屈的力量；品他，心中自是涌起豪气万丈。亲爱的同学们，人生自是有诗意，少年宏图当可期！

都说熟读可成诵，大家能背下的部分就不要看书，背不下来的地方可以读，咱们通过诵读再次置身诗境，和谪仙人一起共梦这场奇幻之旅。

【执教感言】

生命有诗意，相知无古今

《梦游天姥吟留别》一诗是经典诗歌。但新旧教材要求的"点"颇有不同。对于一名成熟的教师，这样的课极具挑战性。如何打破窠臼，落实"双新"要求，是我在设计时苦思的问题。

我以杜甫在《春日忆李白》中对李白的评价"白也诗无敌，飘然思不群"来构建全课，"主问题"明确，由"神"到"形"，由"阅读"到

"表达",都围绕着"思不群"展开,整堂课思路清晰,不枝不蔓。这一设计,经课堂教学实践的检验,被证明是成功的。它使课堂开放而有序。在课堂教学中,我通过有针对性的问题,引出有效解决问题的方法,让学生"研"有所得,在主动学习的过程中掌握了文学类文本阅读的基本技法。学生在"缘景明情""知人论世"等方法的引导下,体会出了李白藏在瑰奇仙境之后的深沉情思。当学生回答出"醉翁之意不在酒,李白之意不在别"的时候,当学生理解李白的消沉、伤感,明白他不屈的可贵的时候,我觉得我的课堂带领着学生完成了由诗歌本身的"思不群"到他们自身的"思不群"的重要蜕变。

这一节课,由学习诗歌到感悟李白,由感悟李白到体悟人生,我的预设和学生的生成互相引领,最终我们一起领悟到了生命的诗意,那是一种虽历尽艰难,但昂扬不屈的力量。总结时我说学生们堪为李白的知己,感慨"相知无古今",我觉得通过这一课的学习,我们算是真的把李白请入了我们的"朋友圈"。

课堂上学生们发言踊跃,妙语连连,奇思屡现,让我倍感惊喜,但同时也让我战战兢兢。因为课堂教学的实践证明了好的"预设"确实能有好的"生成",作为教师,我的功夫不能只下在公开课,而应该要下在自己要上的每一节课。

当然课堂教学永远是遗憾的艺术。本节课为了追求所谓的"全",还是忽视了一些"点",比如一些字词没有进行系统全面的处理,只是"技术化"地通过小组问答的形式点到即止,环节上似乎没什么问题,但终究不够扎实,还得靠课后的作业、测试来查补缺漏。还有,课上的诵读还是不够,有些仓促,其实李白的诗歌有凌云之气,反复诵读更能得其真意。

　　李白的这一篇诗歌和我颇有缘分。2015 年我参加"语文报杯"全国中青年教师课堂教学大赛时抽中的比赛篇目就是这篇，错失一等奖，颇有遗憾。这一次是我主动选择了这一篇。不是为了弥补遗憾，只是为了告诉自己，在语文教学的路上，要一直热爱，一路向前。

　　这一课是教材中的一课，也是人生中的一课。失意也是诗意，缺憾也是圆满。生命有诗意，相知无古今。师生同学，读李白，也是读人生。

《长亭送别》教学案例

【教学设计】

一、教学目标：

1. 梳理情节，分析剧中的人物形象，体会主人公在分别时难舍难分的微妙心理。

2. 理解文中主题，体味莺莺性格中的叛逆精神。

3. 理解景物描写的作用，欣赏情景交融的特点。

4. 品味曲词多用修辞，融古代诗词和民间口语为一体的特点。

二、教学重点、难点：

1. 品味莺莺这一人物形象和把握情景交融手法。

2. 体味莺莺离别时的心理，理解主人公的叛逆精神。

三、课时安排及教具：

1 课时；多媒体课件。

四、教学方法：

诵读法、对比法、质疑引导、点拨深化、模拟角色、情景再现、故布疑阵。

【教学过程】

师：长亭外，古道边，芳草碧连天。长亭自古就是送别之地，分别总是满怀离愁，更何况昨日新婚，今日便做了分飞劳燕！下面就让我们翻开西厢，走进长亭，共味别情！

（本文是流传千古的美文，要让学生在学习的过程中受到陶冶，所以必须创设情境。语文教师本身必须具备的发音标准、吐字清晰、表达流畅只是基础，教授这样的文章一定要言传身教，用自己优美凝练的教师用语诠释文章，感染听者。所以从课文的导入开始就要力求经典。）

首先我们来梳理一下情节，请同学速读课文，看看作者在本折中按照时间顺序和情节发展安排了几场戏来抒发别情？并试着用四字短语加以概括。

生答：送别途中、长亭饯别、临别叮嘱、惜别目送。

师：这就是本折的基本情节，张生和莺莺真是一对苦命的鸳鸯，昨日姻缘甫定，今日就要分离，分手途中情何以堪？我们通过鉴赏曲词来感受别情，先看第一曲——《正宫端正好》。

美文离不开美读，通过诵读我们可以更好地把握人物情感。（生读，点评，再读。）（诵读法——美读可以增强学生的感性认识，有助于把握情感，分析文章。）

（放音乐。）

师：这支曲子描绘了暮秋景致，曲中作者选取了哪些意象？

生答：碧云天、黄花地、西风、北雁、霜林。

师：（质疑引导）我们知道此曲化用了范仲淹的《苏幕遮》，用原词的意象好不好？

生答：不好，黄花——满地黄花堆积，憔悴损，如今有谁堪摘？帘卷西风，人比黄花瘦。景与情相通。大雁飞向故乡，人却要离别，更增伤感。大雁可寄相思——雁尽书难寄，愁多梦不成；真是翩翩一飞鸿，悠悠万重情。

师：除了精心选取意象抒发情感，有没有直接写出莺莺情感的字？

生抢答："泪"。

师：自古逢秋悲寂寥，秋景和悲情往往是相通的，本曲中哪一个字沟通了景与情？

生齐答："染"。

师："染"字用了拟人手法，极富表现力，那林中的霜叶，因何而红？是寒霜染就还是别泪流成？何为景，何为情？真是只着一字，尽现风流。老师总结一下，此一曲借景抒情，融情入景，情景交融，那么在《滚绣球》中作者又是如何表达情感的？请同学通过诵读品味，从写了何景、抒发了何情、用了什么手法、有何效果出发分析其中你认为精彩的描写。

（生沉思，后争相发表自己见解，师给予肯定和引导。）

师：前两曲用词典雅如花间美人，铺叙委婉，深得骚人之趣，《叨叨令》一曲的语言风格和前两曲有何不同，这样写在表达效果上有什么好处？

师整理学生答案，总结：全用常用词，并加上儿字，再用一些叠音形容词，用排比句巧妙衔接，并间以反复的感叹，造成音节和声韵的回环流转，产生一唱三叹、声情并茂的艺术效果，把莺莺柔肠百结的离别苦痛写得哀哀切切，见情见景。莺莺那种如泣如诉、呜呜咽咽的声气口吻，宛然在侧。（点拨深化。）

师：前三曲抒发离别途中的情感，用萧瑟的秋景传情，途中的柳丝夕阳寄情，哀哀怨怨地诉说言情，真是一景一物一字一句都关情，奈何情长路短，转眼长亭已到，面对着严母、爱侣，莺莺的心里定是波澜起伏，我们知道，文字是文章的载体，把握情感离不开"咬文嚼字"，所以我们要抓住富有表现力的语言文字，把握莺莺的情感。我们还是先来诵读，体味人物感情。（放《长亭别宴》影片，为剧中人物配音。）（模拟角色情节再现，培养学生表现力，调动学生积极参与，活跃课堂气氛。）

师：离别的痛苦之情——"昨宵今日，清减了小腰围""险化做望夫石""将来的酒共食，尝着似土和泥"这些语言非常有表现力，用了什么修辞手法？揣摩语言时请同学注意修辞手法的效果。

对功名的轻视之情——"但得一个并头莲，煞强如状元及第""蜗角虚名，蝇头微利，拆鸳鸯在两下里"，作为张生的知心爱人，莺莺的痛苦、关怀我们都能理解，就算是担心的情感也可以认为是爱得深沉，而轻视功利这一点我觉得脱离当时的实际，其实夫荣妻贵，作为相府千金，莺莺的态度完全可以换一种，这样更符合她的身份，下面是老师改写的文字，找同学诵读一下。（对比法，质疑引导。）

张生：小姐，时候不早，小生就要起程，可还有什么言语要嘱咐咱？

莺莺：啊，相公，我乃相府千金，才貌双全，你本一介布衣，书剑飘零，虽定鸳盟，怎奈门不当户不对，若图久远，只能望相公发奋进取，金榜题名。你衣锦还乡之日，方是你我山盟得现之时。从今后茶饭无心理，专听春雷第一声。

张生：小生记下了，凭我胸中之才，此一去，白夺一个状元回来。况且你我二人只羡鸳鸯不羡仙，纵使不中，也可做对如花美眷，度过这似水流年。

　　莺莺：相公此言差矣，"破釜沉舟，百二秦关终属楚，卧薪尝胆，三千越甲可吞吴"。如若不中，相公就寄住京师，以待来年科举之日。青霄有路定要到，金榜无名不须归！

　　张生：这——

　　学生讨论进一步明确莺莺的形象——对爱情的执着，对封建礼教的叛逆，正是她的叛逆、不合流俗，才显其可贵。理解本剧主题——愿天下的人结合都是由于爱而不是功名，也体现作者反对封建礼教的进步性。

　　师：对于《西厢记》的结局你怎样看待？

　　生各抒己见。才子佳人得以团圆，是不是就削弱了作品的批判性呢？学生有的表示赞同，而经过深入思考后却全都理解了作者的用意——"愿普天下有情的都成了眷属"。大团圆正是爱情的胜利，反抗传统婚姻模式的胜利，更深刻体现了作品的反抗性、批判性。

　　师：纵使红泪千行，无计留人住，张生远去，独留莺莺，人远山遥，含情凝视，请分析结尾两曲是如何通过目送之景，渲染离别之情的？

　　生讨论明确：意象精心选择，青山、疏林、淡烟、暮霭、夕阳、古道——色调更加灰暗，情感更加凄凉。语言精粹洗炼，疏林、淡烟。手法独具匠心，夕阳古道无人语，禾黍秋风听马嘶（衬托）；遍人间烦恼填胸臆，量这些大小车儿如何载得起？（化抽象为具体。）

　　师：从清晨的西风霜林，到黄昏的暮霭残照，无一不催得离人泪下，点点滴滴，情景交融，张生渐渐远去，只剩下一个痴情的女子，真个要"为伊消得人憔悴"，但我想她一定"衣带渐宽终不悔"！

　　师："多情自古伤离别"，可是，别情最难述，别意最难状，王实甫却能寄情于景，托情于物，送别途中的黄花飞雁、柳丝斜阳，凝望处的青山暮霭、疏林古道，甚至别宴上的一杯一箸，都能传情达意，真是将别情臻至妙境，不愧为元曲的压卷之作！

《边城》教学案例

【教学设计】

一、教学目标:

1.通过小说的语言、心理描写,把握翠翠的形象,品味人物身上体现出的人性美。

2.通过对环境描写的分析,了解沈从文笔下湘西的风景美、风俗美。

二、教学重点、难点:

1.理解翠翠这个人物是"爱"与"美"的化身。

2.引导学生理解作者对人性美的讴歌、对爱真诚的呼唤,从而提升学生的审美鉴赏能力。

3.通过对小说结局的探究,理解作者的创作主旨。

4.明确作品的艺术价值。

三、课时安排及教具:

1课时;多媒体课件。

四、教学方法：

1. 泛读与精读相结合，以教师的阅读提示为指导，学生的阅读发现为线索，培养学生整合阅读信息的能力。

2. 阅读兴趣的激发与阅读结论的归纳相结合，帮助学生形成自己的阅读观点。

3. 教师通过故布疑阵等手段激发学生兴趣，让学生自主探寻，完成创造性的发现。

【教学过程】

一、导入。

沈从文说："'美'字笔画并不多，可是似乎很不容易认识。'爱'字虽人人认识，可是真懂得他意义的人却很少。"（沈从文《昆明冬景》）所以他怀着真诚炽热的爱，用最明净优美的文字为我们打造了"一颗千古不磨的珠玉"，它独特的美让每一个走入它的人都醉心留恋！今天，就让我们也一起走入《边城》，感受它的美。

二、鉴赏人物，体会人性美。

同学们已经做了相关预习，知道《边城》重在颂扬人性美，那么请问，《边城》中这种人性的美最集中体现在哪个人物身上呢？

（经过导语创设情境后直接切入重点，让学生明确目标。）

是的，翠翠！好，下面请同学们重点品读第四章，在分角色诵读时，请同学勾画重要语句，抓住翠翠的语言与心理，感受其心理活动，体会她的人性美。

（美文还需美读，分角色诵读是学生喜爱的一种方式，可以极大地调动学生的积极性；语文是语言的学问，所以抓住关键语句，才能更好地进行相关鉴赏。）

（一）翠翠

1.品性美：纯真、善良、可爱。

翠翠十分依恋爷爷，两人相依为命，等不到爷爷时内心着急，比如第四段第二节中"过了许久，祖父还不来，翠翠便稍稍有点儿着慌了"；描写捉鸭人渐少、看龙船人散去以及落日、银色薄雾、上灯等环境描写表现翠翠内心的焦急；两次想到"假若爷爷死了""爷爷死了呢"，对爷爷无比地依赖。

比如回答傩送时的"我是翠翠"体现出那种内心极其焦急、希望有人能认识她的心理，到后来回家回答爷爷"不是翠翠，不是翠翠，翠翠早被大河里鲤鱼吃去了"有着少女的纯真可爱。

翠翠的品性美中还有自尊、矜持。

有同学找到"你个悖时砍脑壳的！"。

师问："这明明是骂人的话，怎么能体现人物的美呢？"

（质疑，让学生深入探究。）

生明确，从不骂人的翠翠是因为误会二老让她到有女人唱歌的楼上去才骂人的，这一骂恰恰体现了她自尊自爱，所以是美的。

2.爱情美："但是另外一件事，属于自己不关祖父的，却使翠翠沉默了一个夜晚。"作者文笔尽管含蓄，但翠翠的少女情怀我们却已了然于心。在寂寞的天地之间，爱已如烟花，光芒绽放，少女的心也如花蕾，将开未开。

下面请同学归纳翠翠这一人物形象，要求同学也尝试用优美的文字展现人物的纯美。

（鉴赏人物是学习小说的重点，此处不但让学生归纳人物形象，还注意训练他们组织语言，将读、写、说统一起来。）

是啊，那是一个在风日里长养，皮肤黑黑、眸子清亮、善良聪慧、深情乖顺的姑娘。她爱祖父，爱得深沉、确定，她爱傩送，爱得真实却又飘忽。最美莫过于"清水出芙蓉，天然去雕饰"，翠翠就是一块无暇的美玉，美得纯净、晶莹。

除了翠翠，其他人物又带给我们怎样的美呢？请快速阅读全文，结合具体文字加以说明。

（二）老船夫

这个老人美得浑厚质朴，有责任感，老朋友醉倒后，祖父心里虽着急着翠翠，但为了责任没有离开渡船。他甚至爱每一个过渡人，卖皮纸的过渡人送他一把铜钱，因为送钱气派有些强横，老船夫便执意要把钱还给人家。他宠爱翠翠，用的是自己的心、自己的命。

（三）傩送

他淳朴、英俊、幽默。翠翠在码头苦等爷爷时，他好意邀她进屋去等；翠翠误会他并骂了他，他不予计较，还让人送她回家。

小结：作者表现的是整个湘西民风的淳厚，作品中的每个人，尽管他们的物质条件并不相同，但都具有一种单纯的善良、原始的可爱。

三、通过对环境描写的分析了解湘西的风景美、风俗美。

我们常说，"一方水土养一方人"，那么，如此美的人物生活在怎样的环境中呢？用原文中的话来说明。（以此过渡到对文中环境描写的鉴赏。）

明确：

景致秀丽。

"河中水皆泛着豆绿色，天气又那么明朗……"

"落日向上游翠翠家中那一方落去，黄昏把河面装饰了一层银色薄雾。"

民风淳朴。

端午、中秋和过年，"三个节日过去三五十年前，如何兴奋了这地方人，直到现在，还毫无什么变化，仍旧是那地方居民最有意义的几个日子"。

写端午节船和船的竞赛、人和鸭子的竞赛；写每到端午，家家锁门闭户到河边、上吊脚楼观赏年轻小伙龙舟竞赛；写中秋夜晚，舞龙、耍狮子、放烟火。

总的来说，这是一个极具地域风俗特色的生活环境，是一个如桃源深处般优美而又相对封闭的生活环境。作者把人物揉进一个浓厚的风俗环境中，利用风俗来铺摆故事情节，活灵活现地展示湘西原始古朴的民族风俗。如清澈见底随手可摸的小河，千百年来挂在河边的苗家吊脚楼，穿着节日盛装的男女老少立于河边，人山人海观看一年一度的端午龙舟赛，河边水车、碾房、渡口，悠悠的月夜中传来男女青年夜半歌声……令人神往，引起无限遐思。

四、深入探究。

世外桃源般的环境，浑金璞玉样的人物，那么，在如此纯美的文字中隐含着作者怎样的情怀呢？

同学们说是爱，沈从文自己也说他怀着"对于人类智慧与美丽永远的倾心，康健诚实的赞颂"（《〈从文小说习作选〉代序》）。

1. 可是这就让老师困惑了，在边城中他为什么一面深情地讴歌纯美的人性、温暖的人情，一面却狠心地安排了一个未知的结局，让翠翠凄凉地等待，而她等待的人"也许永远不回来了，也许'明天'回来"，请同学们在讨论的过程中注意大屏幕上老师给出的沈从文的生平经历及本文写作背景的介绍。

（故布疑阵，激发学生探究的兴趣，在学生热烈的讨论中完成对作者创作意图的探究。）

沈从文是带着年青人的理想和热情，带着对新世界的热望，从荒僻、闭塞、落后的湘西赶到大都市北京。然而，迎接他的却是帝国主义、封建军阀和官僚共同统治下的黑暗天地。身处于虚伪、自私、卑鄙、懦弱、冷漠而又冠冕堂皇的都市，沈从文感到，我们这个古老的国家要脱离眼前的苦难，唯有重造有形的社会和无形的观念，必须重铸我们的国魂。

他生在湘西，长期生活在湘西，对故乡人民怀有独特、深厚的感情。于是，他便用自己的笔，勾勒了一幅幅湘西风俗画，以自然、民风和人性的美来表现自己所崇奉的民族传统美德。

可是在现代物质文明大潮的冲击下，作者敏锐地发现，这种纯美正日渐消逝，他痛苦却又无能为力。同时，自己有雄心大志，可是真的能完成重铸国魂的重任吗？他只能将这里一切的悲与喜、苦与乐艺术地记录在作品中。所以在遥远的边城，翠翠注定要默默地守望下去，哀婉而凄凉："这个人也许永远不回来了，也许'明天'回来！"

2.《边城》作于 1934 年，那时候鲁迅先生正在以文字为匕首，力求刺入敌人的心脏，可沈从文却描写了一处世外桃源，所以《边城》自问世即饱受争议，批评者认为他抹杀了阶级界限，回避了矛盾斗争，你怎么看？

（鼓励学生有自己的见解，通过讨论明确作品的艺术价值。）

的确，在那个特定时期，他没有作为革命者和诗人的郭沫若作品中那种直抒胸臆的强烈燃烧的感情，也没有作为思想家和斗士的鲁迅作品中反映国民灵魂的精深透彻，他只是怀抱着属于人性的真诚温暖的情感，超越世俗所要求的伦理道德价值，用人心人事作曲歌咏出别样的情致和韵味，但他力求表现一种"优美，健康，自然，又不悖乎人性的人生形式"来重铸国魂。所以《边城》无论艺术价值还是思想价值都不容抹杀。

3.《边城》美，这无需争议，但我总觉得它如镜花水月，太虚幻了，不真实，生活在现代文明中的我们从中除了获得愉悦或是伤感之外还能得到更深层次的启迪吗？

（通过提问让学生关注作品的现实意义，明确人性美是任何时候都不应缺失的，是我们永恒的追求，借此引导学生树立正确的人生观、世界观，在探寻中完成对学生人格的塑造。）

作者极力赞美的人性美是山川风物之精华，是农耕文明的产物。它温润质朴、静美纯洁，在物质文明高度发展的今天，它依然不可或缺。这样质朴天然的人性有如清幽静谧的桃源，应该珍藏于我们每个人的心灵深处。有了它，我们才能挣脱过多的物质，建构精神丰满的自我，有了它，我们才能于喧嚣中行走，手捧宁静，因而有了灵魂的重心，于岁月中穿行，永不跌倒！

五、结语。

历史上多少惊心动魄或是悱恻缠绵的记录都已作烟云散去，一个僻远的湘西小城的风物却历久弥新。那清淡的文字打动了每个观者的心，这不能不说是沈从文之功。

希望同学们课后再阅读沈从文的相关作品，去感受他文字的海洋中汩汩涌出的对于美最细腻的解读，对于爱最诚挚的呼唤。让那奇妙的文字荡涤我们的灵魂！

《小话西游》教学案例

【教学设计】

一、教学目标：

1. 了解作者于"谈神说鬼"中所寄托的幽思，理解其中蕴含的我国传统文化思想。

2. 激发学生研读经典的兴趣，引导学生关注传统文化。

二、教学重点、难点：

了解作者于"谈神说鬼"中所寄托的幽思，理解其中蕴含的我国传统文化思想。

三、课时安排及教具：

1 课时；多媒体课件。

四、教学方法：

导学法、激趣法、归纳法、讨论法、小组合作法。

【教学过程】

师：周星驰曾经拍过一部特别有名的电影，叫《大话西游》，我改了其中的一个字，今天这节课我们要一起来"小话西游"。

师：阅读与鉴赏时我们往往"从头开始"，那么看今天的课题，如果说有一个字，能够串联起我们即将研讨的全部内容，大家觉得是哪个字？

生齐答："话"！

师：的确，《西游记》可"话"者颇多，就说一个孙悟空吧，我百度搜索了一下，和他有关的小说有《重生花果山》《悟空传》《大泼猴》《西游岁月》，等等，和他有关的电影大家知道有什么吗？

生抢答：《大话西游》《大圣归来》《孙悟空三打白骨精》《西游降魔篇》……

师：据说就连"王者荣耀"当中，孙悟空的出场频率也特别高。（提到"王者荣耀"，生开心大笑。）更何况取经师徒人人都有故事，书中还有诸多的神仙佛祖，妖魔精怪。我们的"小话"，需要确定从何开始，所以我想听听同学们的意见，今天的"小话西游"，你想从何"话起"？

生：我想从佛入手。《西游记》这部书体现了浓厚的佛教思想。

师追问：那么你到底想从佛入手还是从佛教入手？

生挠头：一起研究吧！（其他同学低笑。）

生：我打算研究研究猴子。这个猴子有时候厉害，有时候还被妖精欺负，这个过程很有意思。

生：我也想从孙悟空入手研究。孙悟空的性格行为都很有代表性，能看出来当时社会的一些东西。

师：我们现在有两个入手的角度了，其他同学还有自己的看法吗？

生：我这个人其实读书比较少，我觉得《西游记》中取经的四人不变，但妖精是变化的。研究这个变化就比较有意思了。

师：这个同学用了一个手法——"欲扬先抑"，先谦虚地说自己读书不多，然后有理有据地论述了一番。这样，大家猜一猜，老师想从何入手来进行今天的研究呢？

生：我觉得是孙悟空，孙悟空特别重要。

生：我觉得是妖精，妖精比较有意思。

生：我觉得老师一定研究妖精。《西游记》这部书大概分为三部分，孙悟空的故事，唐僧的故事，然后就是最重要的部分，他们路上一起斗妖精，如果没有妖精，这部书就没意思了。

生：我也觉得是妖精。

师：你的根据是？

生：老师发的导学案。

（学生大笑。）

师提示：有没有更明显的理由呢？

有生恍然大悟：从标题的"小话"！

（同学们纷纷点头赞同。）

师：说得好，确实我也倾向于从妖精入手，相比于取经组合，妖精无疑是小人物，我们却要研究一下这些小人物中是否寄寓着作者的大情怀。我们要研究妖精形象。要研究需要提前了解，下面就请同学说一说你所知道的妖精，注意交代清楚妖精的特征和简单的经历。

（生思考，也有的同座之间小声交流。）

学生自由发言，场面火爆，讲述的妖精有青牛怪、罗刹女、白骨精、红孩儿、金角大王、银角大王，等等。

师：刚才我们是"说"妖精，下面我们来"认"妖精。

（屏幕出示。）

师：同学们所知道的妖精众多，大家能不能给他们分分类？（学生讨论分类。）

生：我觉得这些妖精有本领高的，有本领低的。一些小妖精就是打酱油的（学生偷笑），像大鹏就属于特别厉害的。

生：我是从妖精出身的角度分的，《西游记》中的妖精有草根，比如白骨精，是自己修炼成精的；有妖二代，比如文本中的红孩儿；还有本来是神仙被贬的，比如猪八戒、沙和尚。

生：也可以从外貌分类，妖精也有长得美的长得丑的。蜘蛛精们，玉兔精，狐狸精什么的长得都挺好的。（生笑。）

生：老师，从妖精们的结局也可以分类，被打死、被召回、被点化成仙。

师：那么，大家从分类当中可以总结出什么规律吗？

生：有背景的被收回，没背景的被打死。

师：明代袁于令说："文不幻不文，幻不极不幻。是知天下极幻之事，乃极真之事；极幻之理，乃极真之理。"按照他的理论，《西游记》这部极幻之文，难道蕴含着什么极真之理吗？

生：影射黑暗现实！当时的社会就是这样的现状，权贵横行，百姓遭殃。

生：对，我们小组查阅过当时的时代背景，明代中后期政治极度腐败，皇帝昏庸，奸臣当道，太监专权，贪官污吏横行，苛捐杂税多如牛毛。朝廷除了在思想上钳制士人外，更加重视科举制度，用科举考试来诱导或迫使知识分子就范。"八股取士"的制度进一步完善并成型。因此，科举制度也越来越僵化，走向了形式化的泥淖。

师：你们小组做得好，知人论世，言之有据！

生：我觉得《西游记》中还蕴含着克服困难、历尽艰险，方能成功这个真理。

生：我觉得还有团结，众人一心其利断金，取经队伍就是团结一心才取得真经的。

生：做正义的事情会有人帮助，正义终将战胜邪恶！取经团队遇到困难，总有神仙提供助力，不管妖精本领多大，最终还是阻拦不了正义的脚步。

师：大家见仁见智，有理有据。我们能不能再深入挖掘，通过我们的研究对象——妖精，看看作者在其中寄托了哪些传统文化的思想呢？

（播放一段小视频。）

生：老师，这段我熟悉，虎、鹿、羊三妖的死是因为重道轻佛。

师：确实如此，《西游记》中有这样一段（幻灯片显示）：

行者将身一抖，收了毫毛。对君臣僧俗人说道："这些和尚，实是老孙放了……那两个妖道也是老孙打死了。今日灭了妖邪，方知是禅门有道。向后来，再不可胡为乱信。望你把三教归一：也敬僧，也敬道，也养育人才。我保你江山永固"。

可见"三教合一"是作者的理想。

生：那么六耳猕猴的故事应该体现了道家思想，魔由心生亦由心灭，应该修心自持。

师：这么一说，老师也想起了书中第十七回，观音菩萨变成妖精的那段，悟空问，"是妖精菩萨还是菩萨妖精？"菩萨回答，"悟空，菩萨妖精总是一念。"说的也是道家思想，让老师不禁想起，是庄生化蝶还是蝶化庄生?

生:书中应该还体现了佛家思想,老龟弄湿经书那件事说的是佛家的因果报应、循环不爽。

生:对,还有九九归一,必须凑够八十一难才圆满,也是佛家思想。

师:通过研究我们明白,《西游记》作者将佛家的善恶因果、道家的修心自持、儒家的经世济用都深藏于作品中。看来的确如作者自己所说,"盖不专明鬼,时记人间变异,亦微有鉴戒寓焉"。

师:在奉儒家思想为主流的我国传统社会中,因"子不语怪力乱神",所以神魔小说难登大雅之堂,《西游记》却能够跻身四大名著,可见其优秀。这种优秀的魔幻小说大家还知道哪些呢?

生:《聊斋志异》!

师:好,那么我们一起欣赏一段小视频,比较一下两部作品中的妖精有什么不同?

(播放视频。)

(小组讨论,学生热烈讨论。)

生:《西游记》里的妖精有男有女,比较丑,还坏。《聊斋志异》里的妖精大部分是女的,长得好看,追求爱情。

生:《聊斋志异》里的妖精都是狐啊鬼啊什么的。

生:最大的区别是《聊斋志异》里的妖精和人很难分开,几乎就是人。

师:大家想一想,为什么会有这种不同?

生:作者所处的时代不同。明代的社会黑暗,吴承恩对社会批判,所以把妖魔都写得丑恶。蒲松龄的清代社会更黑暗了,所以他干脆觉得妖魔比人美好。

师："姑妄言之姑听之，豆棚瓜架雨如丝。料应厌作人间语，爱听秋坟鬼唱诗。"这首小诗是蒲松龄心境的写照，对于所处的社会，吴承恩是失望，蒲松龄是绝望。

师：清代张潮在《幽梦影》中说《西游记》是一部"悟"的书，的确，小中见大，林林总总的妖精其实就是社会众生百态；高山仰止，貌似出世的神魔背后却是深沉的入世情怀。课有始终，悟无止境。传承国学我们任重道远。希望作为华夏子孙，我们能心系中华，华章雅颂蓄学问；开启古蕴，引经据典扬国风。

师：下课，同学们再见！

生：老师再见！

《都江堰》教学案例

【教学设计】

一、教学目标：

1. 理清作者思路，品味富有意蕴的语言，训练学生的语言表达能力。

2. 学习本文通过巧妙对比来表情达意的写作技巧。

3. 感受作家对都江堰文明和中华文明的情感，体会作家深邃的文化哲思。

二、教学重点、难点：

1. 品味文本富有意蕴的语言，理解作者的思想情感。

2. 体味作者对文化的深邃思索和审视，感悟文章博雅的文化内涵。

三、课时安排及教具：

1课时；多媒体课件。

【教学过程】

一、导入。

我们知道，在时间的洪流中，有一些风流，总被雨打风吹去。而毫无疑义，有一些却会益加灿烂炫目。沿着难于上青天的蜀道，在天府之国的一座小城里，至今仍以汩汩清泉默默浇灌千里沃野的都江堰就是后一种建筑！今天，就让我们跟随余秋雨的脚步，走进都江堰。（创设情境法。）

二、解题。

1. 作者简介：余秋雨，1946 年生，浙江余姚人。当代著名艺术理论家，中国文化史学家，散文作家。主要作品有《戏剧理论史稿》《文化苦旅》《文明的碎片》《霜冷长河》《山居笔记》《行者无疆》等。

2. 介绍都江堰。（展示课件。）

①图片和视频展示其气势。（创设情境法。）

②文字介绍：都江堰建于公元前 3 世纪，位于成都平原西部的岷江上，是战国时期秦国郡守李冰父子率众修建的一座大型水利工程，是全世界年代最久，唯一留存的以无坝引水为特征的宏大水利工程，被称为古代水利建设的灿烂明珠。它由分水岭、引水口和泄洪堤组成。

三、梳理分析。

请快速找出文中直接集中描写都江堰壮丽景致的部分。（重点突破法。）

第二部分。

速读文章第二部分，看一下，作者对于都江堰的认识、情感有什么变化吗？

平淡——吃惊——被吸引——陶醉赞叹。

手法：欲扬先抑。

读第九段，找出可概括都江堰水的特点的词语。

喧嚣、咆哮、强悍；规矩、乖、驯顺。

　　这两组词语矛盾吗？——不矛盾，写水的桀骜强悍是为了体现堰的作用。

　　看来，作者之意不在水而在堰！可是作者却并未一开篇就写堰，而是拿长城和都江堰相比，请大家找出余秋雨将二者相比得出的结论：

　　"我以为，中国历史上最激动人心的工程不是长城，而是都江堰。"

　　同学们，在学习本文之前，不知道长城的请举手。

　　不知道都江堰的请举手。

　　是啊，巍巍长城，是我们民族的骄傲，是历史的见证。中华民族一路走来，所有的屈辱与苦难、成就与辉煌，它都默默见证着，有什么能和长城相比呢！所以，我们得换比较对象，泰山？苏堤？（故布疑阵法。）

　　——不行，前者是自然景观，后者太小。

　　只有长城才能映衬都江堰的特质。看来不愧是大家手笔，正像李渔所说"开卷之初，当以奇句夺目，使之一见而惊，不敢弃去"。

　　下面请大家找出作者将二者进行了哪些方面的比较，并思考，余秋雨主要基于其中哪点否定了长城，肯定了都江堰？

　　——从年代上、规模上、功用上、形象上、气质上、影响上和结果上进行了对比。

　　——社会功用：长城沦为排场，都江堰仍具有实用功能，造福苍生。

　　四、思考研讨。

　　到这里，我们不禁和余秋雨一样对那位建造都江堰的人充满感激和敬意。刚才，我们说作者之意不在水而在堰，现在我们明白，作者之意不在堰而在人！那么下面，我们就要探究李冰是一个什么样的人。

1.默读第三部分，请找出直接高度评价李冰父子贡献的段落。

10、14、19、20、24——冰清玉洁的政治纲领；大愚，大智，大拙，大巧；他失败了，他又成功了；田间老农的思维。

其余部分手法？对比。

2.请同学分小组合作探究，围绕评价李冰理解。（合作探究法。）

①没有证据可以说明李冰的政治才能，但因有过他，中国也就有过了一种冰清玉洁的政治纲领。

②他失败了，终究又胜利了。

③他大愚，又大智。他大拙，又大巧。他以田间老农的思维，进入了最澄彻的人类学的思考。

3.李冰精魂的实质。

岁月沧桑，但余秋雨是那种乐意把笔浸润在历史的沧桑之中，眼睛却时时关注着今天也眺望着明天的文人，文中什么地方表现了作者对现实、未来的关注？

"在这里，我突然产生了对中国历史的某种乐观。"

李冰——市长。

图谱——登月。

李冰精魂的实质：政治家应抛却一己之私，为百姓谋福利。中国历史上有这样杰出的人物，这样璀璨的精神，当然值得骄傲，应当产生某种乐观。

作者相信这至圣至善的遗言会长留人间，李冰的精魂不会消散，继承其精魂者会代代繁衍，这当然更值得乐观。

如果说之前我们探讨的章法结构如何严谨，行文构思如何奇巧，手法技巧如何高妙等问题，都是"形"的问题，那么，此刻我们触及的作者的思想情感就是文章"神"的问题。

五、拓展探究。

讨论：人们说散文最易见作者的气质、学养、风格，你从本文中窥见了作者的哪些气质或者创作风格？（合作探究法。）

作者对人文景观进行了独特的思考，而且思考中具有强烈的主观意识和个性风格。

作者的现实关怀和使命意识，由山水上升到对民族文化精神的挖掘和对现实社会问题的思考。

观点新颖，善于从有限的景物、事件中挖掘出深广的历史积淀、文化内涵，以风景为出发点，以文化思考为归结点。

六、结语。

一个人走出了书斋，走出了繁华都市，悄悄地从秋风塞北走到春雨江南，一任唐朝的风沙、宋朝的烟尘扑打，他就是余秋雨。希望同学们课后继续阅读他的《文化苦旅》，跟随他一路探寻一个古老民族的苏生力量和文化更新的鲜活血脉！

思维导图在高中生学习能力培养中的应用策略

摘　要：思维导图作为一种有效的可视化思维工具，可以在高中生学习能力的培养中发挥极大的作用。本研究通过问卷调查的方法，按照随机抽样的方式对高中生应用思维导图类学习工具的现状进行了调查。最后提出了高中生利用思维导图提高学习能力的策略，即学校、教师和学生三位一体的自主学习能力培养模式。

关键词：思维导图；高中生；自主学习能力

教育部在 2014 年 12 月颁布的《关于加强和改进普通高中学生综合素质评价的意见》中指出：在学业水平的评价方面，要考察学生运用知识解决问题的能力。该能力需要由教师利用启发式教学，采用自主、合作和探究相结合的教学模式来培养，引导学生由学会转变为会学。英国学者东尼·博赞在上世纪 60 年代发明了被喻为"终极思维工具"的思维导图，这是一种可视化的发散性思维工具。教师把思维导图应用到高中教学过程中，能够激发高中生的创新能力，增强合作学习意识，培养自主学习能力。

1 思维导图概述

1.1 思维导图简介

思维导图是用图表来表现发散性思维，将大脑内部的思考过程进行外部呈现的一种整体性思维工具，可应用到人的认知功能领域，尤其是记忆、创造、学习和各种形式的思考中。制作思维导图时，用中心图像表达主要内容，分支从中心图像向四周散射，被分成各大主题，次主题也以分支形式表现出来，附在上一层分支上，分支由一个关键图像或者印在相关线条上的关键词组成。

1.2 思维导图的研究现状

在中国知网以"思维导图"为主题词进行模糊检索，共检索到1813 篇相关文献，检索时间为 2017 年 5 月 3 日。利用该网站的计量可视化分析功能进行全部检索结果分析，发现第一篇相关文献《托尼·巴赞智力丛书》于 1999 年发表在《汽车维修与保养》期刊上，该文章实际是对《启动记忆》《快速阅读》《开动大脑》和《思维导图》四本书内

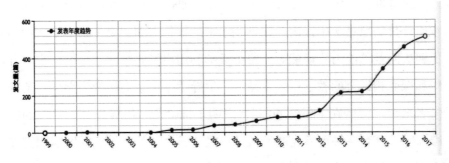

图 1 各年相关文献发表数量

容的分享。如图 1 所示，2005 年以前相关研究较少，从 2005 年开始研究热度逐年升高，相关文献发表数量呈现上升趋势。

　　对发表的相关文献进行关键词共现网络分析，如图 2 所示，以"应用"为中心词，与"应用"同时出现频率最高的是"教学"一词，说明"思维导图在教学中的应用"是研究的热点；"英语教学"与"应用"同时出现的频率位居第二，说明利用思维导图进行英语教学较为活跃。

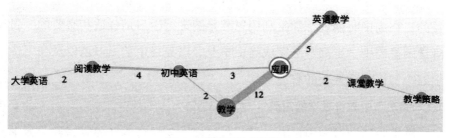

图 2　关键词共现网络

　　对发表文献的学科分布进行分析，如图 3 所示，发现"中等教育"方面的文献数量最多，中学是中等教育中的主要部分，是培养学生自主学习能力的关键时期，担负着为高一级的学校输送新生的重要任务，在

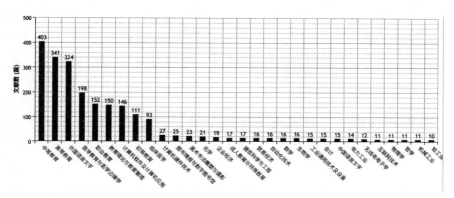

图 3　相关文献的学科分布

中等教育中应用思维导图，教师传授的不仅是知识，更重要的是教给学生好的学习方法，这也正是教育教学的主要任务。

1.3 思维导图在高中生学习能力培养中的作用

1.3.1 培养高中生终身学习的习惯

建设学习型社会，要求公民做到终身学习，而学习效率的高低与学习方法息息相关。学生在受教育阶段获得良好学习方法，对其是终生有益的。在高中时期训练学生利用思维导图进行学习是合适和必要的。思维导图是高中学生高水平完成高中学业、培养终生学习习惯以及在工作中缩小知识技能差距的有力工具。

1.3.2 满足高中教育教学的需要

高中阶段学习知识量大，学习科目多，各学科相互关联紧密，教学进度较快，知识点相对零散。利用思维导图这一有效的可视化思维工具，学生可以很好地进行课前预习、课堂知识点整理，可以有效地再现知识点，做好课后、考前的复习。

1.3.3 提高高中生的学习能力

学习能力强的同学，学习成绩往往比较好。高中繁重的学业任务，促使学生寻求高效的学习方法。思维导图恰恰是提高学生学习能力的一种有效的方法，可以培养学生形成良好的思维习惯，减轻学生的学习负担，增强学生的学习能力。

2 高中生使用思维导图的现状调查

2.1 问卷设计

经过认真地研读相关参考文献并进行反复思考，课题组设计了一套能够进行实际调查并符合本研究课题的调查问卷。问卷共设 10 个问题，第 1 题调查高中生的年级分布，第 2 题和第 3 题调查高中生对思维导图的认知，第 4 题到第 10 题调查高中生应用思维导图的意愿。

2.2 调查过程

本次调查主要采用网络调查和纸质问卷调查方式，调查的对象全部是高中生。邀请高一至高三的同学利用问卷星平台填写问卷，并通过 QQ 和微信等平台进行了广泛宣传。本次调查于 2017 年 2 月 5 日开始进行，2017 年 4 月 5 日完成问卷的回收工作，在此期间，本校学生进行纸质问卷填写。经筛选剔除无效问卷后，两种调查方式共获得有效问卷 301 份，样本分布为高一学生占 39.41%，高二学生占 51.58%，高三学生占 9.01%。笔者将问卷星所获得的数据导出，并与纸质问卷的数据进行了汇总，应用 Excel 进行数据的统计和分析。

2.3 调查结果分析

2.3.1 高中生对思维导图的认知

（1）对思维导图的了解情况

在填写问卷前，除 23.42% 的高中生从来没有听说过思维导图外，其余同学都对思维导图有所了解，但其中只有 11.71% 的高中生对思维导图很熟悉。听说过而没有使用过的的高中生比例最高，占 41.44%。

（2）思维导图是否有助于提高学习效率

调查结果显示：只有 7.06% 的同学认为思维导图对学习效率的提高没有帮助，其余 92.94% 的同学均认为思维导图有助于提高学习效率。

对不使用思维导图的原因进行调查，数据显示：57.89% 的学生认为思维导图不符合自己的思维习惯，21.05% 的学生认为浪费时间，在"其他"作答项中，有一位同学回答"玩玩得了，刷题才是王道"。由此可以看出，同学对思维导图没有足够的认识。

调查结果表明，接近 4/5 的高中生听说过或者用过思维导图，并且只有不到 1/10 的学生认为思维导图对学习没有帮助，所以，思维导图这种学习工具为多数高中生所认知。

2.3.2 高中生使用思维导图的意愿

（1）使用思维导图进行教学的支持率

调查结果显示：64.71% 的学生支持思维导图教学，34.12% 的学生持中立态度，反对利用思维导图进行教学的只有 1.18% 的学生。

（2）学习思维导图的意愿与所在年级的交叉分析

对于是否愿意学习思维导图与学生年级的交叉分析如图 4 所示。相较于高三来说，高一和高二的学生更愿意学习思维导图的使用方法。即使是高三，也有 60% 的学生愿意学习思维导图。

调查结果表明，高中生对使用思维导图进行教学的支持率相当高，只有 1.18% 的学生反对用思维导图进行教学。究其原因，一方面高中

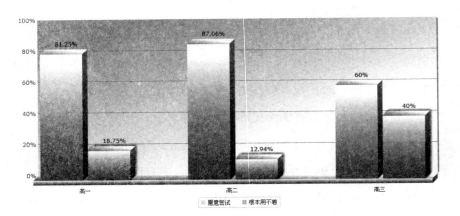

图 4　学生年级与是否愿意学习思维导图的交叉分析

生需要好的学习方法来提高学习效率，另一方面思维导图确实是值得高中生用心去研究的思维工具。因此有必要对高中生进行思维导图的培训。

有接近一半的高中生希望通过学校组织的方式学习思维导图，也有一部分高中生不肯浪费在学校的学习时间，希望通过自学来了解思维导图的使用方法，只有少数同学希望通过商业机构进行训练。

高三学生面临升学的压力，对思维导图这种学习工具的学习相比高一和高二的学生来说不太热衷，所以高一和高二应该是学习这种工具的最佳阶段。

2.3.3 能够接受的思维导图培训形式

受调查的学生中希望通过学校组织的方式学习思维导图的占49.55%，自学方式占38.74%。基于以上分析，笔者认为学校有责任也有义务普及思维导图教育。

3 思维导图在高中生学习能力培养中的应用策略

通过对收集到的数据进行深度挖掘，笔者认为将思维导图有效地应用到高中生学习能力培养中需要学生、教师和学校的共同努力。

3.1 学校层面

第一，学校通过教研活动培养老师使用思维导图的意识。第二，学校在低年级通过开设思维导图课程向学生普及思维导图基本理念、使用方法及其优势。学得越早越受益，而调查的结果也表明，学生在低年级更有时间来参加学习方法的培训。第三，学校通过组建思维导图社团招募有思维导图使用经验或对思维导图有极高热情的同学，重点培训其使用思维导图的能力。通过学生之间对思维导图理念与优点口口相传，更广更深入地向学生渗透思维导图并激发学生对思维导图的学习及使用热情。对思维导图掌握较好的同学可以将思维导图绘制方法及技巧传授给更多的同学，减少学校在普及思维导图上的工作量，达到事半功倍的效果。第四，学校可以邀请思维导图培训机构讲师或相关专家来校举行讲座，让学生对于思维导图的使用以及理解得到升华，达到更好的学习效果。如果有可能还可以与相关培训机构建立合作伙伴关系，以获得更多的深度服务。第五，学校可以组织思维导图展览，将学生中有创意有思想的作品进行展览，以便其他同学学习。制定思维导图库计划，形成各科的思维导图库，不断丰富思维导图教育资源。第六，学校可以通过微课的教学形式传递思维导图的思想，既可以利用微课介绍思维导图的使用方法，也可以用微课来讲解各科绘制好的思维导图的内容。

3.2 教师层面

首先，教师利用思维导图进行授课。笔者认为将思维导图引入课堂教学是教师的责任。教师在授课过程中使用线性思维方式进行教学会极大地限制学生的发散性思维，给绘制思维导图带来极大的障碍。引入思维导图的学习方法，要求教师要用发散的思维方式去组织知识点，强调知识点之间的逻辑关系，注意思维导图中对于语言的使用要求：简洁，抽取关键词，用逻辑关系表达语法。用思维导图板书，或利用思维导图软件的展示功能，用不同颜色表现不同类别或级别的知识点，用位置和图形表现知识点间的逻辑关系，并配合使用图像和符号来加强记忆。把原本枯燥的线性知识变成容易记忆的有色彩的画面，激活学生不同脑区的记忆功能，让学生充分发挥大脑各方面的能力来进行思考，将对知识的展示变成一种艺术。这样可以有效提高课堂效率，也便于学生模仿绘制，对提高教学质量和学生的学习能力，有深远的影响。

其次，课后作业利用思维导图总结知识点，引导学生利用思维导图。任课教师在教授完一阶段的内容后，可以布置作业将所学内容进行梳理，运用思维导图的方式将知识点以及知识点之间的逻辑关系清晰地表示出来，帮助学生更清晰地了解这一章到底讲了哪些主要内容，形成自己的知识体系。

另外，教师可以组织同学进行深入的交流，通过欣赏其他同学的思维导图，了解他人对知识的理解，并与自己的知识体系进行对照以发现不同，纠正自己的错误理解，汲取他人对知识更透彻精当的理解，以不断提高自己对知识掌握的正确程度以及有效程度，以求达到更高的学习境界。教师通过检查学生的思维导图，可以十分清晰地看到学生对于知识点的理解，可以很直观地发现其中存在的错误或不准确之处，并及时指出，其直观性和蕴含的对于教师评估授课效果的极其珍贵的信息是以往作业习题无法实现的。

3.3 学生层面

学生是使用思维导图的主体，他们接受并熟练使用是推行思维导图这一学习方式的目的与意义之所在。学习思维导图并没有很大难度，在课堂教学中，学生应该认真对待思维导图的学习，认识到其相较于传统思维方式的巨大优势。平日学生应该在生活中自觉地运用发散性思维，尽可能多地使用思维导图。对于老师布置的作业要认真对待，让自己的作品充分反映自己的思想。

4 结语

思维导图是一种有效的学习工具，笔者将继续探讨更加有效的思维导图培训形式，充分利用互联网信息技术，以 MOOC、SPOC 和微课等形式开展思维导图培训。在实际应用中笔者发现计算机思维导图因其自动构图、高效输入、便于整理、易于保存等特点，能极大地提高制作思维导图的效率。在利用计算机实现思维导图功能领域，笔者认为还有很大研究空间，包括思维导图软件的语音录入和基于互联网云平台的思维导图资源共享等。

参考文献：

[1]（英）东尼·博赞. 思维导图宝典 [M]. 卜煜婷, 译. 北京：化学工业出版社, 2014.

[2] 董博清. 基于思维导图的中学物理教学实证研究 [D]. 长春：东北师范大学, 2013.

[3] 蒋芸. 思维导图在初中英语教学中的应用研究 [J]. 英语教师, 2015(4):28–31.

"基于网络平台学生自主学习方式研究"课题研究总报告（节选）

课题名称：基于网络平台学生自主学习方式研究

课题批准号：ND2016203

单位：大连育明高级中学

课题负责人：程玉玲

课题组主要成员：刘晓宁、王胜柏、张敬燕、付冰、陈建红、侯杏梅、赵伏睿、李岩、王青林

1 本课题的整体设计

1.1 研究思路

根据前期了解，结合我校教学实践，确定研究思路为：理论研究（进一步细化之前对于省内外研究现状的认知，完善对于我校以及相关地区现状的了解）——调研论证——形成方案——反馈修正——优化完善——总结建构。

1.2 研究方法

　　本课题将以唯物辩证法、教育系统论、新课改核心理念、现代教育技术为指导，以行动研究法为主，辅之以总结经验法、个案研究法以及理论思辨法进行研究。

　　坚持唯物辩证法，实事求是，脚踏实地。坚持新课改的核心理念。在真实的教学环境中，边研究边总结经验教训，修改行动，在行动中探究总结规律，注重研究的真实性、客观性、合理性、高效性。

1.3 研究假设和创新之处

1.3.1 本课题研究假设

　　①通过正确认知，合理利用，让网络平台在教学中起到提供资源、辅助学习的作用，为传统教学提供强有力的支撑。

　　②通过学生自主学习模式的探究，提炼学生个性化的做法，探究共性化的规律，形成可行、高效的自主学习模式。

　　③打破时空限制，实现课堂的"无界"，也就是课内课外课上课下无缝对接的"大课堂"，真正实现课堂的高效。

　　④使教育公平能够切实可行。借助网络平台的开放性，扫除时空障碍，将研究形成的有效的自主学习模式提供给所有的学生，让他们能根据自身需要各取所需，自主学习，或许可以将我们提倡的教育公平变得切实可行。

1.3.2 本课题拟创新之处

　　课题选择了"网络平台"和"自主学习"这两个点进行研究。

　　网络平台的优点鲜明，但也有不足之处。它强调自主性。因为常规的网络平台学习对学生缺乏有效的学习过程监管机制，学生的学与不学、学习时间的长短、学习效果的好坏从短期很难监控。

如此看来，培养学生自主学习的能力，是发挥网络平台学习效果的关键。本课题拟将二者结合在一起，力求突破网络平台的局限性，将理论上先进的方式变为现实中有效的模式。

尝试探索教学途径的调整。通过网络平台将课上课下无缝对接。打造"无界课堂"，实现线上与线下教学相结合的"高效课堂"，促进教学发展，有助教育公平。

尝试探究学习方式的变革。强化学生的自我约束、主动选择、自我修正，最后达到自我提高。认可个性认知，促进学生实现个体价值。

1.4 技术路线和实施步骤

1.4.1 2016 年 6 月—2016 年 10 月

成立课题研究小组，课题组成员研讨、制订研究方案。运用文献资料法，搜集汇总相关资料，组织课题组成员学习相关文献资料，做足理论功课，为研究行动做好前期准备。

2016 年 10 月 11 日 14 点 30 分，"基于网络平台学生自主学习方式研究"课题组在大连育明高级中学荣誉展室进行了课题开题活动。

本次开题活动，特邀了两位课题组外专家进行指导：辽宁师范大学副教授、系副主任田丽，辽宁省特级教师、辽宁省高中语文高岩名师工作室主持人高岩。

课题负责人程玉玲老师主持了本次开题活动，课题组成员刘晓宁老师、张敬燕副校长、王青林主任、李岩老师、付冰老师、候杏梅老师、陈建红老师、赵伏睿老师均参加了本次活动。大家就开题之后的相关构想、准备工作、分工情况交换了意见，并且进行了具体的安排。

1.4.2 2016 年 10 月—2017 年 10 月

以唯物辩证法、教育系统论、新课改核心理念、现代教育技术为指导，运用行动研究法做好课题的研究实践工作。

在课题中期研究过程中，田丽和高岩两位专家对课题的研究进行跟踪指导。

田丽副教授就职于辽宁师范大学，研究方向为信息服务、图书馆学，是辽宁省决策咨询专家库专家、大连市职业技能鉴定考评员，发表过多篇学术论文，出版过专著《管理问题的定量解析》《企业信息综合治理策略研究》，主持过大连市社科联项目"大连地区农村公益性信息推广服务体系研究"，辽宁省社会科学规划基金项目"农家书屋促进我省全民阅读推广的策略研究"等多个科研项目，为课题组提供了理论指导。

高岩老师是辽宁省特级教师，全国阅读教育先进个人、全国百位德育科研名师、辽宁省普通高中课程改革工作先进个人、辽宁省教育科研先进工作者，主持《培养健康心态，提高学生学业成绩》等国家级、省级科研课题多个，并顺利结题，获得多项各级各类优秀科研成果奖。高岩老师有极高的理论水平，又有极强的实践能力，因为工作调动，来到育明高中语文组工作，为课题组研究工作提供了近距离甚至无距离的指导。

课题的负责人程玉玲老师在本课题研究过程中，尝试在调动学生自主学习方面做出积极而有效的探索，在日常教学中进行无界课堂的实践探索。利用班主任的身份优势，和学生保持着亲密互动，全程了解学生自主学习状况。主管教学的副校长张敬燕老师和主管教务处工作的王青林副主任负责了解学校整体教情学情，给课题组提供了详实、准确的第一手资料，以便课题组进行相关研究。王胜柏老师是长春市教研员，主持过各级重点课题，有理论深度，了解长春地区教情学情。跨地区交流，使得课题的研究更全面、更具有指导意义。

1.4.3 2017 年 10 月—2018 年 8 月

以总结经验法、个案研究法以及理论思辨法为指导，进行研究结果汇总，课题结题。

2018 年 6 月 22 日，在大连育明高级中学 608 教室，举行了课题成果报告会。教科研郭芳彦主任、刘升主任，本课题组聘请的专家田丽老师、高岩老师，本课题组除长春教研员王胜柏老师外其他成员，高一高二教师参与本次报告会。

在报告会中，程玉玲老师代表课题组阐释了本课题组的观点。本课题组认为，网络教学系统的出现，使互联网在教育信息化和现代化的建设中凸显出无穷的知识价值。网络教学系统以现代教学模式为基础，以教学和管理为依据，影响我们的学习方式、教学模式甚至教育理念。网络教学系统的使用在"促进教学主体作用的合理化转变""实现教学资源的高效利用"和"校园数字化建设"方面给教学和教学管理带来了积极的变化。特别是在教学方面，学校利用网络教学系统极大地提高了课程教学质量，促进了学生自主学习，使得教学过程和教学内容更好地结合，从而极大地激发、调动了学生的主动性、积极性和自觉性。

本课题立足于我校课程改革，特别是课堂教学改革已经有多年成功实践的基础上，目标是更好地满足学生的学习兴趣，满足不同学习能力、不同发展潜质的学生需要，也是为了顺应时代发展需要，将教育教学改革落到实处。

报告会中，课题组认真听取了与会专家及同行的反馈意见。

　　2018 年 6 月—8 月，以总结经验法、个案研究法以及理论思辨法为指导，进行研究结果汇总，课题结题。

　　陈建红老师是硕士研究生、区级骨干教师，李岩老师、付冰老师、候杏梅老师、赵伏睿老师均年富力强，都是区级骨干教师，大家都是一线优秀教师，能够很好地将研究成果和教学实践结合起来，推动教师的教、促进学生的学。她们均有着极强的文字总结归纳能力，能把个人研究成果客观、真实、准确地展示出来。

2 课题研究的目标

2.1 自主学习

　　强调学生的自主学习，重视学生个人体验，是我们所倡导的素质教育的要求。本课题拟通过网络资源，服务于教学，探索学生利用网络平台自主学习的模式，该模式会是对课堂教学的一个有力补充，也会是当今教学发展的一个趋向。

　　什么是自主学习？它的本质特征是什么？这是研究自主学习必须首先回答的问题。在这方面，西方几个有代表性的学习理论看法不尽相同。以维果斯基为代表的维列鲁学派认为，自主学习本质上是一种言语的自我指导过程，是个体利用内部言语主动调节自己的学习的过程。他们把儿童的言语发展分为外部言语、自我中心的言语、内部言语三个由低到高的阶段；并且指出，就儿童的学习活动来说，在外部言语阶段主要是由外界的社会成员的言语来指导和控制，在自我中心的言语阶段主要靠他们对自己的出声言语，即自我中心的言语来调节，而在内部言语阶段，学习主要由他们的不出声的内部言语来指导和控制，因此自主学习实际上是儿童言语内化的结果。以斯金纳为代表的操作主义学派认为，自主学习本质上是一种操作性行为，它是基于外部奖赏或惩罚而作出的一种应答性反应。自主学习包含三个子过程：自我监控，自我指导，自我强化。自我监控是指学生针对自己的学习过程所进行的一种观察、审视和评价；自我指导是指学生采取那些致使学习趋向学习结果的行为，包括制定学习计划、选择适当的学习方法、组织学习环境等；自我强化是指学生根据学习结果对自己进行奖赏或惩罚，以利于积极的学习得以维持或促进的过程。以班杜拉为代表的社会学习理论则从行为、环境、个体的内在因素三者之间的交互作用来解释自主学习。他们认为，自主学习本质上是学生基于学习行为的预期、计划与行为现实之间的对比、评价来对学习进行调节和控制的过程。

2.2 网络自主学习

学生是学习的主体，学生自主学习能力的提升关乎学生的个体发展乃至整体教育的发展。本课题拟探索学生通过网络自主学习的可行性、高效性，力求提炼整合，形成行之有效的学习模式，以利于教师的教和学生的学。

网络自主学习就是通过互联网开展的自主学习活动，独立性、主动性是其主要学习特征，是强自我管理、弱教师监控的学习过程，学习者必须在丰富的学习资源环境中自我监控、自我调适和有效评价。学习者在"计算机网络提供的学习支持服务系统中进行意义建构、问题解决与社会化交互的整合活动过程，在此过程中学习者能积极有效地对自己的意义建构和问题解决活动进行监视、控制、调节、反思和评价"。

2.3 "无界课堂"

我们追求高效课堂，那就要求无论教师还是学生，功夫都不止在课内。本课题拟探索依托网络平台，调动学生自主学习的高效模式，将课堂延伸拓展，实现课上课下的无缝对接，实现课堂"无界"。

"无界课堂"是指基于网络与课堂双平台的教学模式，该模式在六个方面打破了界限，即学习时间、学习场所、学习群体、学习内容、学习方式、评价方式，从而形成无界课堂，最终促进人才不拘一格地发展。具体而言，六方面打破界限是指，学习时间不局限于上课时间，学习场所不局限于教室，学习群体不一定是本班级的师生，学生可以借助于网络，在任何时间、任何地点，向任何可以交流的对象学习，而学生的学习内容可以根据自己的进度、自己的爱好进行选择，真正实现学习的个性化和个别化。学生的学习方式可以是实地听课，也可以是网上远程听课，还可以是自主探索研究。学生接受的评价可以通过网络或者集中的考试实现。因此，只要搭建平台，资源充足，学生的学习就可以突破束缚，真正提高效率。这就是"无界课堂"的追求。

3. 课题研究的主要内容

3.1 探索网络平台正确认知和合理利用的新途径

没有所谓最好、最先进的手段，只有最合理的利用。网络平台只是师生共享的资源，是传统教学的合理补充，而不是取代。本课题计划对网络平台如何才能更好地服务于老师的教和学生的学进行探究论证，力求去粗取精，让它最大限度地有利于教和学。

3.1.1 利用网络资源进行课前预习

课前预习的好坏直接影响到教学效果。学生可以利用网络查阅相关资料，了解学习内容，进行充分的预习，并以自主、合作、探究等形式主动学习。学生利用网络不仅可以查阅资料，还能够下载图片视频等，能够调动课堂学习气氛。这样，学生不仅解决了学习上的重难点问题，还提高了学生利用网络筛选、分析、整合信息的能力，并且能够有效地提高课堂效率。

3.1.2 利用网络资源进行阅读教学

①创设生动的教学情境，让学生在兴趣盎然中学习。为学生创设良好的自主学习情境，是激发学生学习兴趣的关键所在。学生有了兴趣，才会产生强烈的求知欲，主动地进行学习。②在网络环境下让学生动脑、动手、动口，主动学习。新课程理念强调：教学活动是师生的双边活动，要让学生在实践活动中探究、感悟，多给学生留有思考、个性发挥的余地，让他们创造性地学习，学生是学习的主体。多媒体技术的运用能激发学生的好奇心与求知欲，给学生以思维上的启迪，触发学生思维的灵感，为学生积极、主动的学习创造条件。网络资源的运用，不仅强化了教学实践活动，又激发了学生的学习积极性，提高了学生的参与率，使课堂生机勃勃，充满活力。

3.1.3 利用网络资源进行课后练习

利用网络平台，学生的思维空间不随课堂教学的结束而封闭。教师可以布置弹性作业，让学生根据自己的需要，有选择性地做练习，这是巩固课堂教学效果的保证，是课堂教学的"绕梁余音"。好的课后作业，可以使学生把浓厚的学习兴趣、旺盛的创新意识有效地延续到课外。让学生带着强烈的创新欲望在课外利用网络资源去观察、去寻找、去体验、去思考，这不仅能拓宽学生的视野，增长他们的知识，实践能力也可以得到长足发展，进而让思维创新的火花在生活中更加夺目地绽放。

利用网络资源进行教学，教师凭借教材，利用现代信息技术优化语文教学，引导学生利用网络资源自己解决学习问题。久而久之，学生在提高语文能力的同时，收集处理信息的能力和创新思维也会得到长足的发展。

3.2 实验研究学生自主学习模式

"文无定法"，"教无定法"，按理说，学也无定法。可是任何事物发展都有其规律。学生是分别的个体，也是统一的整体。如果能从对于个体行之有效的方法中深挖出其背后的规律，可能将个体的成功经验推广而成为整体适用的方法。本课题计划探求学生自主学习的方法，经过论证推广，形成有效的模式，让学生的自主学习"有法可依"，以利于广大学生的学习。

"自主学习"是指以学生作为学习的主体，学生积极主动地按照自己设想的探索途径去学习，通过学生独立的分析、探索、实践、质疑、创造等方法来实现预定的学习目标。自主学习是自我调节的学习，是学生自觉地确定学习目标、选择学习方法、监控学习过程、评价学习结果的过程。自主学习旨在提高学生学习的主动性，让学生在学习中提高多方面能力，实现知识学习和能力学习共同进步。我们结合具体教学实践，积累了一些经验，探索出网络平台下学生自主学习的新模式有以下几个方面：

①结合学生的身心特点，建立自主学习的必要环境。任何学习模式要想达到高级别和高效率，都要注重辅助教学设施的建设。创设学习环境，要从教室基础、辅助设施、教学工具等方面入手。在课堂上，可以在课本学习中，实行卡片式教学，比如英语课可以把英语单词、词句写在卡片上，利用游戏的方式，让学生主动思考。或者借助多媒体教学工具，制作学生喜爱的课件，让学生与教师一起完成制作过程和演示过

程。学生的学习热情都是源于对学科知识的兴趣，所以，建立自主学习环境的原则就是以学生特点为基础，以学习热情为目标。

②结合学科的内容特征，创设自主学习的有效过程。完成自主学习的过程，最重要的基础就是教学内容与过程的统一性和协调性。只有选取有代表性的教学内容，才能充分激发学生的探求能力。

③采用多重教学手法，激发学生自主学习的动力。学生在面临高考和升学压力的时候，在学习上是否能够专心，是否具有坚韧的耐力，是最后能否取胜的关键。在教学过程中，我们要采用轻松的教学手法，比如课堂语境练习中，选择具有时代性和趣味性的教学内容，有助于提高学生对社会知识的了解。

3.3 探索"无界课堂"的新模式

依托网络平台，构建学生自主学习模式，进而打破时空的界限，实现课堂的无限延伸，形成"无界课堂"，无时无处不可以成为课堂，将教和学进行到底。

本课题所探索的"无界课堂"新模式中的教与学具备如下特点：

一是学生在学习导航引导下的学习是开放式学习。学生有着更大的自主选择空间，他们可以基于网络进行个性化的学习，更符合个体的需求，并可以对自己感兴趣的内容或者难以理解掌握的内容进行多次反复的研究学习。在"无界课堂"中，学生的探索更真实、更有价值，展示更及时、容量更大。学生通过在网上论坛、博客、QQ群等进行合作、交流，可以获取更多的资源，并且师生在学习过程中可以将生成的资源直接上传，使学生可以参与教的过程，教师也可以指导学的过程。学习活动的过程能保存、可再用、可上传交流。

二是学生的自我责任意识得以增强。及时、系统的评价能让学生更准确地了解自我，修正学习计划。同时，基于网络平台的自主学习也是基于现代技术应用的学习，因此，师生可以更快捷地随时随地进行交流，拓展了学习时空。在网络平台的环境下，师生拥有几乎相同的资源，学生可能提出更富有挑战性的问题，所以网络平台下的自主学习能够更好地实现教学相长。

三是课堂以解决问题、探索交流为主，可以更好地发挥教师的指导作用。学生的自主学习可以突破时空，当学生回到教室时，在教师的指导下，学生和老师交流，解决独自学习时难以解决的问题，使得教师能在学生最需要的时候给他们提供帮助。同时，"无界课堂"还适合于不同智力水平的学生。

可以看出，网络平台下的"无界课堂"可用的媒体是所有的媒体，包括传统媒体和现代化媒体。为了实现独立深入的探究，促进学生互相合作交流，"无界课堂"应力图实现人人通的理想配备。通过改革教学内容、方法和手段，在高信息素养的基础上发展学生发现问题、解决问题的能力。"无界课堂"将引发教育的再一次革命，它将是基于现代技术引发的教育的系统性、全方位的变革，必将推动课堂教学模式改革深入发展，并取得更丰硕的成果。

4 研究中发现存在的问题和今后的研究设想

4.1 发现存在的问题

4.1.1 学习者的问题

学生基于网络平台的自主学习是在没有教师监控情境下的自发学习，这种学习方式要求学习者要有较强的自觉性，能够调动自己学习的热情，充分发挥自主学习的积极性，全身心投入到网络自主学习中。网络自主学习中需要学习者具有良好的自我监督能力，但是目前学习者在网络自主学习中存在学习随性化、与教师及其他学习者分离、自主学习意识不强、学习习惯不佳等问题，具体表现在以下几个方面：

①不能根据学习任务制定可行的网络自主学习计划。使用网络教学平台自主学习具有很强的随意性，宽松自由的学习环境更加需要学习者具有较强的自律性，良好的学习习惯对于进行网络自主学习的学习者尤为重要。

②不能够合理分配时间完成网络学习。学生一般在课余时间开展网络自主学习，时间的选择上非常灵活，但是面对网络上众多的资源，其真正有效的学习时间不足。有些学习者无论是在实验课上还是课下，都不能够合理分配时间来完成网络学习。多数学习者花费大量时间来检索资源，但是真正仔细筛选和仔细品读的时间少之又少。

③学习策略不够明确。学习策略主要由学习方法、学习调控和元认知等因素构成，学生通过相关课程的学习已经掌握了一些学习策略，但是在面对具体学习情境时，学习者对采用哪一学习策略及如何应用还是不够明确。

4.1.2 教师的问题

学生基于网络教学平台自主学习的最终效果，与教师的指导情况是密切相关的。在基于网络平台自主学习中，教师是学生学习的帮助者和促进者，处于主导地位。在整个网络学习过程中，教师发挥着关键的作用。教师能够有意识要求学习者应用网络教学平台，但仍存在诸多问题，具体表现在以下几个方面：

①教师上传的学习资源不能够满足学习者的需求。很多研究者认

为，对于教师来说，应用网络教学平台辅助教学，可以降低工作压力。因为这样教师只需要制作好电子课件，布置一些练习题即可。但是，这与现实情况出入较大，根据调查数据显示，有82.9%的学习者认为教师上传的资源不足以满足其学习需要，根据进一步访谈得知，资源的质量也不高。教师所制作的课件一般为PPT和WORD文档，动画、视频等学习资源极少，这些课件也只是课本主要知识框架的梳理，不足以吸引学习者的学习兴趣，更不能满足学习者的学习需要。

②教师对学习者自主学习的讨论参与度不高。目前，网络平台的讨论模块设计得不够，学习者找不到，用着不顺手，教师也不愿意用，教师和学习者关于学习问题的讨论还是使用QQ群较多。学习者讨论的问题是学习者在学习过程中遇到的较为普遍的问题，教师如果能够有效参与讨论，并帮助学习者解决这些问题，能够有效帮助大量学习者提高网络自主学习的学习效果，并有助于教师有针对性地制作学习资源。

③教师对学习者自主学习的问题回复情况存在不足。根据调查显示，一方面是教师对于学习者提出的问题，回复的时间周期过长，甚至不回复，这样严重影响了学习者的学习热情与效率，另一方面是教师对于学习者提出的问题，回复的质量不够高，回复得过于简单，致使学习者无法准确理解。

④教师对学习者学习效果的评价反馈存在不足。根据调查数据显示，教师对于学习者的学习效果评价还是依赖于学期末考试成绩或者教师上传的练习题及答案，完全没有发挥出网络教学平台的优势，没有能够应用平台做出合适的学生自测评价系统。

4.1.3 平台的问题

网络平台作为课程内容呈现的主要支撑，国内外各高校都非常重视，大都着手构建自身的网络教学平台，并且网络平台已经发挥了一定的作用，大大提高了学习资源的利用率，缓解了优质师资力量短缺的问题，但是根据调查显示，网络平台仍存在一些问题，具体如下：

①网络平台的交互设计存在不足。目前应用较多的网络平台其交互操作不够便捷，平台更多还是在发挥存储大硬盘的作用，教师将制作好的学习资源上传，学习者下载观看或者在线浏览，基本上不存在交互设计，这一模块有待改进。好的交互设计既可以增加平台的便捷性，又可以增加学习的趣味性。

②网络平台的学习节奏不够合理。学习者利用网络平台自主学习时，基本上所有的学习内容一下完全呈现在学习者面前，没有分步呈现，无法像游戏一样先易后难，学习一定内容后，只有通过了阶段测试才能学习下一步的内容，因而十分缺乏节奏感，学习者面对大量学习资源很容易无从下手，以至于影响最终的学习效果。

③网络平台的资源模块有待改进。学习资源模块的不足，主要表现在资源总量的不足、资源的更新不及时、资源形式的单一、资源的不易查找。现有网络教学平台上的课程资源非常少，多数课程只有部分内容，平台上的课程内容往往只是在建设初期上传，后期没有持续地上传新内容，更新的比例很小。但是我们所使用的教材却是在不断更新，这样网络学习平台上的资源就不能够发挥辅助作用。

④网络平台的易用性有待改进。使用网络平台开设课程的老师一般是有较多经验的教师，年龄相对要大一些，对新技术的使用不够熟练，加之一些国外引进的网络教学平台仅仅是汉化，不太符合中国人的使用习惯，这无形中增加了平台的使用难度，因而很多教师只选用平台中较为简单的功能，大部分功能因为不熟悉而没有应用，影响了课程的质

量。

4.1.4 学校的问题

通过对学生基于网络平台自主学习的现状调查发现，学校层面在学习者网络自主学习过程中也存在一些问题，具体表现在以下几个方面：

①校园网络硬件条件不足。校园网络硬件条件的不足，主要表现在为学生进行网络平台自主学习提供的基础设施方面。通过调查发现，近年来学校投入大量资金来完善校园网络环境，已取得了较大改进，但是校园网络的服务器访问速度慢、不稳定，还不能够保证每个学习者都能在需要时进行网络自主学习。

②应用网络平台的相关培训不足。网络平台相关培训的不足，主要表现在学校没有在教师开设课程前进行有效的培训，所进行的培训也是流于形式，时间短、内容浅，不能够让教师充分掌握网络学习平台的使用方法。对于学习者的培训，一般只是一堂课，内容局限于简单使用。更重要的是，缺乏业务水平高的专门部门和专业人员负责解决网络教学平台使用过程中遇到的问题。

③学校开设的网络课程内容针对性不强。学校缺乏对网络学习资源的适用对象和范围的综合考虑、统一规划，以至于建设的学习资源得不到充分利用，使用价值不高，建设的网络学习资源针对性不强，学习资源建设情况不协调，致使有的课程网络学习资源非常丰富，有的课程网络学习资源严重匮乏。并且，在学习资源建设中，避重就轻，没有做好认真调研，学校要以提高学习资源的质量制胜，而不是以数量为先。

④缺乏对应用网络平台开设课程教师的奖励机制。调查显示，引进网络平台的学校均要求教师使用，并且给各年级设定了课程数量要求。但是缺乏对课程质量的有效监管和评价，没有相应的奖励机制，教师开

设优质网络课程、制作高品质学习资源的热情不高。学校需要引入包括学习者在内的评价机制，促使教师做出更好的网络课程。

4.2 今后设想

学习者不是信息的被动接受者，而是知识获取过程的主动参与者，学习活动的核心是使学生主动参与学习过程，成为学习的主人。未来的知识，不再是结构和线性的，而是扁平和网状连通的。网络环境下的自主学习是多元知识传播和人性化的学习过程，有利于学生的主动探索、主动发现和主动学习，有利于培养创造型人才，提高学生自主学习的自由度。利用先进的信息技术建造良好的学习环境，易于调动学生学习的主观能动性，培养学习兴趣和创新思维。人机在线交互学习，图文声像的多维感官刺激，能够具体、形象和直观地展现抽象的理论，营造开放自主的学习情境。

构建以自主学习为中心，综合运用现代教育技术的教育教学机制，是未来人才培养的核心任务和目标。网络环境下的自主学习，充分利用了网络技术及网络提供的无限信息资源，构建多元学习平台，充分发挥学习者的主动性、积极性和创造性，使主体更加科学、灵活地驾驭学习，记录学习者认知、情感及意识等心智变化规律。网络平台具有陶冶性情、发展个性和协同创新的功能，为自主学习提供了理想的环境，使学生有自主学习的意愿，主动学会自主学习，学生可以根据各自的知识背景、兴趣爱好和学习需求，选择、收集并整理多元资源，独立思考或在教师指导下完成对知识的理解和评价，建构知识体系。构建自主学习平台关键在于深化学生的主体意识，激活主观能动性、独立性和创造性，培养学生的创新意识、创新思维、创新精神、创新人格和创新才能，用最先进的方式和手段，调动学生自主学习的积极性。

5 结语

两年的研究过程中，大家通过在一线教学中获取研究资料，调研论证、反馈修正，了解学生的自主学习情况，不断研究，及时准确地获取第一手信息，根据调研实际调整、优化课题研究。此次课题研究，让我们感受最深的是做课题并不高深、可怕，课题就在我们身边。只要平时注意观察，善于发现，就能找到适合自己的课题；只要认真思考，反复实践，勤于动笔，就能做好自己的课题。

参考文献：

[1] 朱俊武. 网络教学平台构建与学生自主学习能力研究 [J]. 扬州大学学报 (高教研究版),2012,16(03):84–87.

[2] 张玮. 基于网络平台的大学英语自主学习过程管理模式构建 [J]. 电化教育研究 ,2009(01):74–75+81.

[3] 张雪芹. 试论大学生英语自主学习的质量监控体系 [J]. 黑龙江高教研究 ,2010(05):150–152.

[4] 庞维国. 论学生的自主学习 [J]. 华东师范大学学报 (教育科学版),2001(02):78–83.

[5] 王笃勤. 大学英语自主学习能力的培养 [J]. 外语界 ,2002(05):17–23.

[6] 杜中全 , 云天英 , 王晓来. 论网络环境下的大学英语自主学习 [J]. 中国电化教育 ,2012(06):112–114.

[7] 洪如霞 , 胡海. 网络环境下大学生自主学习与传统学习的差异分析 [J]. 中国成人教育 ,2011(10):98–100.

[8] 田华 , 魏登峰 , 孟琦. 网络协作学习评价指标体系的开发与实践

[J]. 电化教育研究 ,2010(07):73–76+81.

[9] Keegan. 远距离教育基础 [M]. 丁新等译 . 北京 : 中央广播电视大学出版社 ,1997.

[10] Zimmerman BJ. Becoming a Self–Regulated Learner: An Overview[J]. Theory into Practice, 2002, 41(2): 64–67.

[11] McCombs BL. Self –Regulated Learning and Academic Achievement: A Phenomenological View[C]//BJ Zimmerma, DH Schunk. Self–Regulated Learning and Academic Achievement: Theory, Research, and Practice. New York: Spring Velag, 1989: 51–82.

[12] Dagger D, O'Connor A, Lawless S. edal. Service–Oriented E–Learning Platforms: From Monolithic Systems to Flexible Services[J].Internet Computing, IEEE, 2007, 11(3): 28–35.

[13] 籍国莉 . 网络环境下非英语专业大学生自主学习能力培养研究 [D]. 长春师范大学 ,2014.

[14] 宋淑芹 . 外语自主学习研究综述 [J]. 中州大学学报 ,2008(01):86–89.

[15] 付坦 . 基于 MOOC 平台的大学生自主学习问题及对策研究 [D]. 西南民族大学 ,2016.

[16] 庞继贤 . 范捷平 . 自主性语言学习 [M]. 杭州 : 浙江大学出版社 .2005.

[17] B.J.Zimmerman & D.H.Schunk (1989). Self–Regulated Learning and Academic Achievement. Springer–Verlag New York Inc .pp.6–26

[18] 潘庆红 .Web2.0 环境下学习行为的基础——网络自主学习形态研究 [J]. 中国远程教育 ,2012(11):35–39+95.

[19] 薛红霞, 常磊, 肖增英. 打造"无界课堂"——基于网络与课堂双平台的学生自主学习资源开发及教学模式研究 [J]. 教育理论与实践 ,2012,32(17):49–52.

[20] 许晋芳, 冯攸源. 网络资源, 语文教学的平台 [J]. 现代语文 (学术综合版),2017(11):114–115.

[21] 郭小江. 高中英语课堂自主学习模式探究 [J]. 英语广场 (学术研究),2014(03):157–158.

[22] 罗浩. 大学生基于网络教学平台自主学习的现状与对策 [D]. 山东师范大学 ,2014.

[23] Bruner J S. 教育过程 [M] 邵瑞珍, 译. 北京 : 文化教育出版社 ,1982.

[24] 吴南中. 论在线学习范式的变迁 : 从自主学习到自适应学习 [J]. 现代远距离教育 ,2016(02):42–48.

[25] 张国生. 基于多元网络平台的自主学习研究与实践 [J]. 实验科学与技术 ,2017,15(06):90–92+99.

必修下册第一单元主题课程设计

单元名称	中华文明之光——思辨性阅读与表达				
学段学科	高中语文	教材	必修下册	对应课时	9课时
课程开发负责人	程玉玲	单位	大连市育明高级中学		
团队成员	程玉玲 李海晶 赵伏睿 李岩鹏 陈建红 付冰 盛江伟 莫维				
单元情境	我们知道，"幸福都是奋斗出来的""只有奋斗的人生才称得上幸福的人生"，而网络上与"奋斗"一样受年轻人喜欢的流行用语还有"佛系""躺平"等，甚至有人把无欲无求、不思进取归结为"无为而治"。当两种观点碰撞，人们都想为自己的观点找到渊源与依据说服对方，那么"所论何理""为何论理""如何论理"呢？其实，我们可以回溯经典，到中国古代先贤那里去探寻，发掘其思想的深刻性，体会其语言魅力，学会阐述自己的观点。				

（续表）

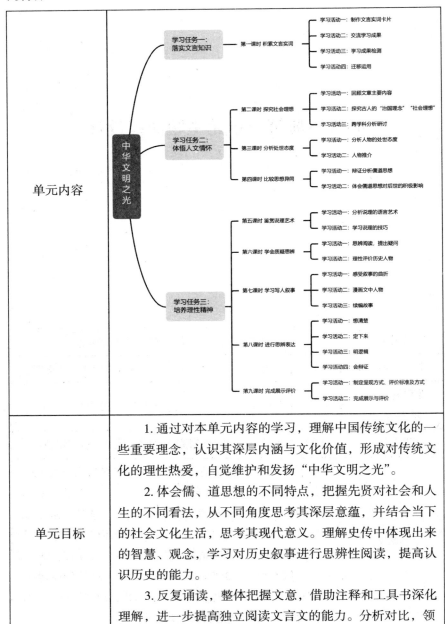

单元内容	中华文明之光	学习任务一：落实文言知识	第一课时 积累文言实词	学习活动一：制作文言实词卡片
				学习活动二：交流学习成果
				学习活动三：学习成果检测
				学习活动四：迁移运用
		学习任务二：体悟人文情怀	第二课时 探究社会理想	学习活动一：回顾文章主要内容
				学习活动二：探究古人的"治国理念""社会理想"
				学习活动三：跨学科分析研讨
			第三课时 分析处世态度	学习活动一：分析人物的处世态度
				学习活动二：人物推介
			第四课时 比较思想异同	学习活动一：辩证分析儒道思想
				学习活动二：体会儒道思想对后世的积极影响
		学习任务三：培养理性精神	第五课时 鉴赏说理艺术	学习活动一：分析说理的语言艺术
				学习活动二：学习说理的技巧
			第六课时 学会质疑思辨	学习活动一：思辨阅读，提出疑问
				学习活动二：理性评价历史人物
			第七课时 学习写人叙事	学习活动一：感受叙事的曲折
				学习活动二：漫画文中人物
				学习活动三：续编故事
			第八课时 进行思辨表达	学习活动一：想清楚
				学习活动二：定下来
				学习活动三：明逻辑
				学习活动四：会辩证
			第九课时 完成展示评价	学习活动一：制定呈现方式、评价标准及方式
				学习活动二：完成展示与评价

| 单元目标 | 1. 通过对本单元内容的学习，理解中国传统文化的一些重要理念，认识其深层内涵与文化价值，形成对传统文化的理性热爱，自觉维护和发扬"中华文明之光"。

2. 体会儒、道思想的不同特点，把握先贤对社会和人生的不同看法，从不同角度思考其深层意蕴，并结合当下的社会文化生活，思考其现代意义。理解史传中体现出来的智慧、观念，学习对历史叙事进行思辨性阅读，提高认识历史的能力。

3. 反复诵读，整体把握文意，借助注释和工具书深化理解，进一步提高独立阅读文言文的能力。分析对比，领 |

（续表）

单元目标	会诸子散文在论事说理方面的不同特点和史传散文在叙事写人方面的艺术手法。 　4.在学习文化经典的过程中汲取思想养分，滋养理性精神，发展思辨能力，学习论说方法。围绕比较重要的社会、文化话题，鉴古而观今，写一篇议论文，阐述自己的观点。
学习建议与资源	学习建议： 　继承和弘扬中华优秀传统文化是我们的责任与使命。本单元的经典选文选自经、子、史三部，涵盖中国古代思想史中影响最大的儒、道两家及中国传统文化中众多重要的价值观念、社会理想、思维方式和行为模式，切入传统文化的思想根基和精神内核，在体现中国传统文化方面更具深度和广度。学习本单元，通过读懂经典选文，深化对传统文化的理解，认识、体会中华文化的核心理念和人文精神，领略传统智慧，强化传承中华优秀传统文化的意识，通过思辨与质疑，培养理性精神，增强文化自信。 　学习资源： 　《古代汉语字典》《论语》《孟子》《庄子》，朱光潜《谈谦虚》，鲍鹏山《庄子，在我们无路可走的时候》，周国平《孔子的洒脱》等。
第一课时　积累文言实词	
课时目标	1.反复诵读课文，借助注释和工具书准确理解文意。 　2.归纳重点实词，能辨析实词在不同语境中的含义。
学习任务	本单元入选的五篇文言文都非常有学习价值，学生从理解文言词语入手，进行重点文言实词的整理，从而准确理解文意，整体把握文章思想内容，为深层次的思考与探究打基础。

（续表）

学习过程	**课堂导入：** 　"观今宜鉴古，无古不成今。"当我们走进历史，去聆听先贤的教诲、学习古人的智慧时，"能借助注释和工具书，阅读中国古代作品，读懂文章内容"是对我们最基本的要求，而梳理文言词语在不同语境中的词义和用法，就是读懂文言文的一把钥匙。 　**学习活动一：自主学习，制作实词卡片。** 　（说明：诵读课文，借助注释和工具书，初步整体理解文章大意。从本单元课文中选择有较多义项的实词或者常见的、有助于自主阅读文言文的实词，利用已有知识和工具书，对词义进行梳理，辨析实词在不同语境中的词义，制作实词卡片。） 　示例： **文言实词卡片** 实词：道 表格见下

义项	例　句	出　处
谈论	仲尼之徒无道桓文之事者	《齐桓晋文之事》
规律	臣之所好者道也，进乎技矣	《庖丁解牛》
道路	若舍郑以为东道主	《烛之武退秦师》
取道	从郦山下，道芷阳间行	《鸿门宴》
风尚	师道之不传也久矣	《师说》

　学习活动二：合作学习，交流学习成果。
　（说明：以小组为单位，把自主学习过程中制作的实词卡片进行交流总结，加强对实词的理解和积累。然后选择高考题中的语句，在新的语境中辨析词义并理解句意。）
　示例：
　①境内清夷，商人露宿于道。　　　（道路）

（续表）

| 学习过程 | ②吏奉法，律不可枉也，更道它所欲。　　（说，讲）
③桓帝事黄老道，悉毁诸房祀。　　　　　（学说）

学习活动三：检测学习成果。

（说明：小组之间互相交换检测，分等级完成对应检测题。基础版来自课文，升级版出自高考题。）

示例：

（基础版）

见：百姓之不见保　　《齐桓晋文之事》
　　……而不见舆薪　《齐桓晋文之事》
　　所见无非牛者　《庖丁解牛》
　　项伯即入见沛公　《鸿门宴》

（升级版）

见：归途见匠者作桶，取而戴于首（2018 年全国卷Ⅲ）

　　异日有见之者，观其《后车》诗（2018 年浙江卷）

　　见污伤，不肯自明（2017 年天津卷）

学习活动四：迁移运用。

示例：

王昭君天生丽质，入宫后籍籍无名。后匈奴朝见（　）汉元帝，求和亲。元帝见（　）昭君，方知其绝色，有悔，乃悟见（　）欺，而事成定局，遂放行。昭君行胡地，风吹草低见（　）牛羊，忆与父母无见（　）之日，悲从中来，不由叹道："昔日入宫时，父母见（　）叮咛，嘱我早还家。今日一去，永生不得见（　）父母矣！"泪落，大雁见（　）之，亦为之落，以此见（　）其美貌也。 |

（续表）

学习过程	**附答案：** 王昭君天生丽质，入宫后籍籍无名。后匈奴朝见（拜见）汉元帝，求和亲。元帝见（召见）昭君，方知其绝色，有悔，乃悟见（被）欺，而事成定局，遂放行。昭君行胡地，风吹草低见（通"现"）牛羊，忆与父母无见（见面）之日，悲从中来，不由叹道："昔日入宫时，父母见（放在动词前，表示对自己怎样，相当于"我"）叮咛，嘱我早还家。今日一去，永生不得见（看见）父母矣！"泪落，大雁见（看见）之，亦为之落，以此见（知道）其美貌也。 **课堂小结：** 梳理词义，制作实词卡片，不仅可以帮助我们深入理解实词，还能培养我们有意识地积累文言知识，逐步形成文言语感，最终实现读懂文章内容，理解先贤智慧的目的。 **反思：** 五篇文言文，篇幅较长，课堂上想完成实词梳理难度很大，所以要布置好课前预习。实词梳理可以分层进行，给出必须梳理的实词，同时要求学生自主扩充一定数量的实词。
课时作业	1.基础作业：整理实词卡片，深化对文言实词的理解。 2.发展作业：以某个实词为例，探究实词义项之间的联系。
第二课时 探究社会理想	
课时目标	1.能在理解文章的基础上，把握选文的思想内涵。 2.能关注古人的社会理想和治国理念，更好地了解中国传统思想文化。

（续表）

学习任务	学生对每篇文章的思想内涵、行文脉络进行整体把握，并在此基础上进行比较阅读，关注古人的社会理想和治国理念，理解不同学派之间观点的异同，更好地了解中国传统思想文化。
学习过程	**课堂导入：** 中国古代散文源远流长，或记言，或记事，或明理，或言志。在这里，我们能聆听孔子的谆谆教诲，能见识孟子的睿智与雄辩，能欣赏庖丁精湛的解牛技巧，能看到白发苍苍的烛之武走向危机四伏的秦军大营，也能看到勇猛无敌的项羽在鸿门宴中丧失优势。这些经典在不同程度上向世人展示着不同学派不同时期的社会理想。 **学习活动一：回顾文章主要内容。** （说明：以小组为单位讨论交流，分别回顾梳理每篇文章的主要内容，填写下列表格。） 示例：(1)《子路、曾皙、冉有、公西华侍坐》的主要内容是各言己志，谈人生理想。

人物	观点	孔子态度
子路	治理处于内忧外患中的中等国家，三年时间可使百姓有勇且知礼。	哂之
冉有	治理小国，三年时间可以使百姓富足，不敢谈礼乐教化。	唯求则非邦也与？
公西华	愿意学习做礼乐祭祀方面的小相。	唯赤则非邦也与？
曾皙	浴乎沂，风乎舞雩，咏而归。	吾与点也

（续表）

学习过程	(2)《齐桓晋文之事》的主要内容是推行仁政，保民而王，实行王道。

段落	主要内容
1—14	提出"保民而王"的主张，帮齐宣王树立信心。
15—20	论述齐宣王"不王"是不为而非不能，提出"推恩"的重要性。
21—33	揭示齐宣王之大欲，论证其不能实现的原因，然后论证不行王道的危害与行王道的益处。
34—35	归结到"保民而王"的主张，提出具体措施。

(3)《庖丁解牛》的主要内容是追求"道"，遵循天性、养生全身。

庖丁状态	所见无非全牛——未尝见全牛——以神遇不以目视，官知止而神欲行。
文惠君观点	"吾闻庖丁之言，得养生焉""依乎天理""因其固然""以无厚入有间"。

(4)《烛之武退秦师》的主要内容是烛之武以国为重，机智善辩地劝退秦师。

秦晋围郑	"以其无礼于晋，且贰于楚也。"
烛之武劝秦退兵的理由	"越国以鄙远，君知其难也。""邻之厚，君之薄也。""若舍郑以为东道主……君亦无所害。"

（续表）

烛之武劝秦退兵的理由	"且君尝为晋君赐矣……君之所知也" "既东封郑，又欲肆其西封"
晋文公退兵的理由	"因人之力而敝之，不仁" "失其所与，不知" "以乱易整，不武"

（5）《鸿门宴》的主要内容是项羽刘邦鸿门宴前后的斗争。

段落	主要内容
1—2	鸿门宴的缘起。（双方驻地、力量，事件起因及幕后活动。）
3—4	鸿门宴上的斗争。
5—7	鸿门宴后的余事。

学习活动二：深入文本，探究古人的治国理念和社会理想。

（说明：理解文本中推行的治国理念和构建的社会理想。）

篇目	社会理想	治国理念
《子路、曾皙、冉有、公西华侍坐》	礼乐兴盛 天下大同	为国以礼
《齐桓晋文之事》	百姓衣食丰足 礼义教化盛行	保民而王 推恩于民
《庖丁解牛》	取法自然 天人合一	无为而治

（左侧栏：学习过程）

（续表）

学习过程	《烛之武退秦师》	重视"礼"	重"礼"
	《鸿门宴》	夺权之时 仍注重礼义	重"义"

学习活动三：跨学科分析研讨——与历史老师合作完成。

（说明：先贤们勾画出了一幅幅美好的政治蓝图，构建出完美的理想社会，儒家思想在中国传统文化中影响最大，其社会理想和治国理念深入人心，但这些治国理念为什么没有推行，他们的社会理想为什么没有实现？请从历史的角度来加以分析。）

课堂小结：

无论是礼崩乐坏之时，还是诸侯争霸之际，无论是孔子倡导的"仁"还是孟子推行的"保民而王"，我们都能感受到"礼"在其中的作用与影响。

反思：

跨学科研讨是一种大胆的尝试，有利于学生加深对中国传统文化中思想观念的理解。

课时作业	研读《烛之武退秦师》，提炼文中"礼"的体现，探究"礼"在当时的含义与价值，探讨孔子"为国以礼"的本质。
第三课时 分析处世态度	
课时目标	1.能深入理解课文，体会古人的处世态度、智慧、观念。 2.能鉴古而观今，提高评价历史人物、认识历史的能力。
学习任务	阅读这五篇文章，可以从不同人身上看到不同的处世态度与人生追求。他们或是渴望入世有为，或是选择避世

（续表）

学习任务	无为，儒道思想虽有不同，但都是在思考人与自然、社会的关系，思考人应当如何生活在世界上，尤其是如何在乱世之中安身立命。
学习过程	**课堂导入：** 儒家主张"为国以礼"，孔子对淡泊洒脱的曾皙，喟然叹曰："吾与点也"；道家主张"无为而治"，文惠君从庖丁之言悟出了"养生之道"；烛之武虽有委屈与怨愤，但也只身赴秦营劝退秦军……其实他们都在思考人与自然、社会的关系，那么儒道的处世态度有何异同，人应当如何生活在世界上呢？ **学习活动一：深入文本，分析人物的处世态度。** （说明：以小组为单位，选择一篇文章，分析人物言行、主张等体现出来的人生追求与处世态度。） 示例： 《子路、曾皙、冉有、公西华侍坐》 （见下表）

人物	性格	处世态度
子路	直率、自信但莽撞。	主张入世有为，以勇治国。
冉有	谦虚、实事求是。	主张入世有为，以富治国。
公西华	更谦虚、敏而好学。	主张入世有为，以礼治国。
曾皙	洒脱从容、淡泊名利。	主张入世有为，以美治国。
孔子	温和、含蓄、包容。	主张入世有为，以礼治国。

（续表）

学习过程	孔子认为处于乱世，人既要敢于承担，又要谦逊有礼。 《齐桓晋文之事》 孟子反对武力征服，主张入世推行王道，实现"和为贵"，渴望"致君尧舜上，再使风俗淳"。"和为贵"的具体体现："老吾老，以及人之老，幼吾幼，以及人之幼"的人人和谐；"刑于寡妻，至于兄弟"的家庭和谐；"五亩之宅，树之以桑……可以无饥矣"的自然和谐；"谨庠序之教，申之以孝悌之义"的人伦道义和谐；"耕者皆欲耕于王之野……皆欲赴诉于王"的君民和谐。 《庖丁解牛》 人类社会充满错综复杂的矛盾，人处世间，要像庖丁解牛那样，顺应自然，避开矛盾，才能"保身""全生""养亲""尽年"。因此人要尊重规律，按规律办事，把握规律后，面对具体问题，仍要有敬慎戒惧之心。 《烛之武退秦师》 烛之武在国家危难之际，并未直接接受重任，而是先表明自己年轻时未受重用，流露出些许委屈、牢骚和怨愤，但当郑伯说出"郑亡，子亦有不利焉"时，还是挺身而出，只身前往秦营，不惜冒生命危险，力挽狂澜。这不仅是忠于君，更是忠于国。 《鸿门宴》 项羽在观秦始皇游会稽时说"彼可取而代也"，可见其壮志雄心，渴望建功立业。在鸿门宴前，项伯在项羽面前为沛公说情，一句"今人有大功而击之，不义也"打动项羽，可知在项羽看来义和勇一样，都是他的最高精神追求；鸿门宴上面对范增"举玦"而"默然不应"，也因为他与沛公奉怀王令破秦，有约定在前，现在杀沛公，是大不义。由此可见，项羽渴望建功立业，但其安身立命原则是尚武重义。

（续表）

学习过程	**学习活动二：结合情境，评价人物。** （说明：历史课上要开展"历史上的时代楷模""历史英雄人物"评选活动，本单元课文中涉及的人物都是候选人，请选出你支持的人物，写出推荐理由，如果当选，请为其写出颁奖词。） 示例： 我推荐"历史上的时代楷模"烛之武。理由：作为一个年轻时不受重用的"失意"之人，在国家危难之际，他不计较个人得失，顾全大局，甚至不惜冒着生命危险，前往敌营——这是勇者的选择。他凭借自己聪明的才智，敏锐的洞察力，善辩的外交能力，机智地利用矛盾瓦解敌人——这是智者的担当。 颁奖词：一身孤胆勇赴敌营，三寸之舌智退秦师。不计个人恩怨是胸怀，以国家利益为重是忠诚。率先示弱知藏锋，阐述利害出利刃。设辞巧挽狂澜于既倒，口舌利扶大厦之将倾。你是时代最闪亮的星，用个人智慧照亮国家前途；你是楷模最长久的光，凝聚成中华文明之光! **课堂小结：** 处于不同历史阶段的人有着不同的理解追求与处世态度，正所谓事殊时移，人各有志。 **反思：** 体悟古人处世态度，与评价人物相结合，从而树立正确三观，是立德树人的重要途径。
课时作业	1. 为自己推荐的人物写出完整的颁奖词。 2. 阅读朱光潜的《谈谦虚》、鲍鹏山的《庄子，在我们无路可走的时候》、周国平的《孔子的洒脱》，结合自身谈谈我们应当怎样生活于世?

（续表）

第四课时 比较思想异同	
课时目标	1.能辩证分析儒道思想的进步意义和局限性。 2.结合当下的社会文化生活，说明儒、道思想的现代意义。
学习任务	这五部作品的诞生都有着鲜明的时代特征和文化背景。了解与经典相关的背景，在历史语境和文化语境中解读经典，去粗取精，理解经典背后的思想内涵及现代意义。
学习过程	课堂导入： 儒家的积极进取、舍我其谁有其历史意义，道家的顺其自然、无为而治也有其存在价值，他们的最终目标都是追求人的幸福，只是实现途径不同罢了。他们的思想观念在当时具有哪些合理性和局限性，对我们有怎样的启示？ 学习活动一：查阅资料，了解时代背景，分析阐述儒、道思想观念的进步意义和局限性。（可不局限文本，进行深入挖掘。） 示例： ⑴孟子思想中以民为贵、保民而王、爱惜民力、发展民生的主张具有巨大的进步性，在任何一个时代都是值得称颂的，是一代代志士奋力追求的目标，是中华传统文化中重要的精神资源。 "君为中枢""宽政爱民""制民之产""崇礼重教"在今天还有一定的借鉴意义，但将治理好国家的期望完全寄托在君主的观念转变和善性自觉上，期待国君推己及人，在当时是无可奈何，不得不如此。这也是其历史局限性。 孟子提出"民为贵，社稷次之，君为轻"的主张，是主张"以民为本"，这是其思想的进步意义。但在文本中

（续表）

学习过程	有这样表述："无恒产而有恒心者，惟士为能。若民，则无恒产，因无恒心。"这在"保民"的同时，又对平民百姓有一定程度的歧视，可见重"士"轻"民"并不罕见，这也是其思想的局限性。 (2)庄子在《庖丁解牛》中提出的主张是避开矛盾，不要强行、妄为，这在社会矛盾尖锐的时期，有其存在的合理性，但如果国家处于危险之中，人人都选择避开矛盾，哪里还有烛之武这样为国挺身而出的英雄，所以，从国家民族大义角度来看，庄子思想是有其局限性的。 学习活动二：儒、道思想中的先进理念和思想精华，形成一束中华文明之光，沿着历史的长河照进现代社会，增强了我们的文化自信。请用具体情境，来说明儒、道思想对后世的积极影响。 示例： (1)汉代的"文景之治"，唐代的"开元盛世"。 (2)现代的和谐社会：在新的历史时期，继承和弘扬中国自古所崇尚的和为贵、和为美的和谐社会理想，建设各阶层人民和睦相处、和谐共治的和谐社会，正是社会主义精神文明建设所追求的目标。 (3)社会主义核心价值观。 课堂小结： 中国传统文化中的一些重要理念，是在特殊历史时期形成的，有进步性也必然会有历史局限性，我们要理性对待传统文化中的精华与糟粕，去粗取精，古为今用，提高认识历史的能力。 反思： 本节课意在培养学生的思辨性阅读，学习目标直指学习任务群"思辨性阅读与表达"的要求。

（续表）

课时作业	儒、道思想在中国历史上影响最大，课上我们结合历史事实和历史人物做了印证，具体了解了这种影响，并站在当下立场，对这些思想做了反思，课后请对"儒道互补"的说法，进行实证性的举例和理性反思。
第五课时　鉴赏说理艺术	
课时目标	1.体会经典选篇论事说理的技巧，领略古人"说"的智慧。 　　2.在语言交往的真实情境中培养交流与沟通能力。
学习任务	为了让学生能从古典的回声中，得到"说"的智慧，增强交流和沟通能力，课前要继续熟悉课文，重点把握每篇课文的对话，看看主人公们都说了什么，有了什么样的效果。
学习过程	课堂导入： 　　我们在生活中离不开和人交流，有的人通过有效交流，达到自己的目的；同样也有人因为无效交流，而树敌无数，改变初衷。本节课，我们就在古典的回声中，吸取古人的语言之光，为我所用。 　　学习活动一：深入情境，挖掘论事说理艺术，探究聊天的智慧。 　　（说明：分组认领任务，每小组重点研读一篇课文，探究人物在论事说理中的技巧。） 　　示例： 　　(1)孔子是如何帮助拘谨的学生打开话匣子，展示孔子大教育家的风度的？（《子路、曾皙、冉有、公西华侍坐》当时是老师和学生五个人坐在一起，好像开一个小型的座谈会。孔子作为老师并未直接告诉弟子应该怎样做，而是采用"言志"的方法启发弟子发言。孔子也没有直接向弟子发问，而是先从自己谈起，自然过渡到弟子的治国志向

（续表）

学习过程	上来。打消弟子的顾虑，能看出"夫子循循然善诱人"的意味。同时，孔子鼓励式教学，对每个学生的才能都了如指掌，做到了因材施教。） (2)孟子是如何劝导一心想称霸的齐宣王接受"王道"主张的？ <table><tr><td>第一步</td><td>桓文之事，孟子并非真的不知，只是不愿讲、不屑讲。</td></tr><tr><td>第二步</td><td>推掉宣王问题，拉到自己铺设的轨道。</td></tr><tr><td>第三步</td><td>根据对方心理，树立"保民而王"的信心。</td></tr><tr><td>第四步</td><td>解决主观上"为"与"不为"的思想矛盾，请王深思猛醒。</td></tr><tr><td>第五步</td><td>欲擒故纵，打中好大喜功之心，排除"保民而王"的障碍。</td></tr><tr><td>第六步</td><td>虚心求教后，阐述"保民而王"的政治纲领，水到渠成。</td></tr></table> (3)庄子是如何向文惠君讲述深奥哲理，表达自己观点的？ <table><tr><td>哲理特点</td><td>玄妙、抽象度高。</td></tr><tr><td>具体做法</td><td>超现实语言做形象的、感性的展示。</td></tr><tr><td>内在结构</td><td>幻想、神秘、夸张、极尽渲染、不排除逻辑运用。</td></tr><tr><td>论证方法</td><td>分析全面、正面论述外更强调反面排除。</td></tr></table>

（续表）

学习过程	(4)烛之武是如何让秦伯改变心意的？

原则：装出站在秦伯立场，为其谋利的态度	
后退一步	肯定秦晋围城一定胜利。
反转一层	郑亡于秦不利。
反转二层	郑亡于晋有利。
反转三层	强晋弱秦。
反转四层	留郑利秦。

(5)刘邦是如何周旋，让自己解除"鸿门宴"之危的？

抓住普遍道德标准	强调自己是有功之臣，杀之不"义"。
抓住对方心态弱点	沛公与樊哙的话，如出一辙，事先"排练"，迎合项羽自信自负心理。
抓住对方心理特点	刘邦称项伯为"伯"拉拢对方，称项羽为"将军"奉承对方，称张良为"君""公"尊重对方，称自己为"臣"委曲求全。

学习活动二：汲取智慧，总结日常交往中的准则与智慧。

（说明：根据小组分别展示的研究成果，进行归纳总结，得出普遍性的结论，使其适合日常交往中的情境。）

小组1	小组2	小组3	小组4	小组5	小组6	……
关注"说"的情境	关注"说"的对象	关注"说"的语言	关注"说"的逻辑	关注"说"的形式	关注"说"的目的	……

课堂小结：

古人"说"的智慧，同样适用于现代社会。将今天提

（续表）

学习过程	炼出来的古人智慧分条整理，积累应用。 **反思：** 　　学习古人说理的艺术，从多方面加以分析体会，总结说理方法有助于学生日常生活的表达交流。
课时作业	"如果你的班主任，也是语文老师又占用了体育课上语文，你将如何劝说他来达到不占用体育课的目的？"根据情境，列出你的论说提纲。（说明：结合所学，思考以下几点，最终设计出自己的说服提纲。） （见下表）

"说"的情境	体育课前，班主任宣布体育课要上语文课——不愿。
"说"的对象	我们的班主任加语文老师——尊重。
"说"的目的	我们想上体育课——强烈。
"说"的语言	有理有据，劝服老师，不能威胁——智慧。
"说"的逻辑	正反对比，抓住老师提高成绩的心理——严谨。
"说"的形式	口头表达，语速平缓，有理有据。
……	……

第六课时 学会质疑思辨

课时目标	1.深入思考，对史书中的记载提出质疑。 2.尝试理性评价历史人物和历史事件。
学习任务	从思维的类型看，将学习任务分成"深入思考"与"质疑问难"两种思维路径，学生能够透过现象看本质，切入"断点"问真伪。在"深入思考"和"质疑问难"中，理性评价历史人物和事件。

（续表）

学习过程	课堂导入： 　　阅读古代作品，了解史实之后，还要进行深入思考，甚至对其中的记载提出质疑。 　　学习活动一：小组活动，提出质疑，共解谜团。 　　（说明：以小组为单位，上报在阅读过程中存在的疑问，教师加以总结，进行补充，引导学生课上对主要问题进行分析解答。） 　　示例： 　　(1)《侍坐》中四位弟子的"言志"都是观点，这些观点之间是否有着某种可以寻绎的"思路"呢？（参看清人张履祥《备忘录》"牵强但很有趣"的观点。） 　　(2)《烛之武退秦师》中，烛之武游说成功，除了辞令巧妙外，还有别的原因吗？（抓住秦晋的隐忧。） 　　(3)《烛之武退秦师》中，烛之武之前的"推脱"，仅仅是为了"发泄"不受重用的郁闷吗？ 　　(4)《鸿门宴》项羽不杀刘邦的原因，仅仅是他性格上有严重的缺陷吗？（不必杀和不能杀。） 　　(5)《鸿门宴》中的记述，多有不合常理之处，如"夜报项王""逃宴而去"，历史的真实和文学的真实有什么关系？（参看梁玉绳《史记志疑》和泷川资言《史记会注考证》引董份语。） 　　学习活动二：横看成岭侧成峰。从史料中全面看待历史事件，理性评价历史人物。 　　示例： 　　(1)假设烛之武并没有成功劝退秦军，历史会如何前进？ 　　(2)鸿门宴在历史上的地位如何？ 　　(3)结合"破釜沉舟""拔山扛鼎""四面楚歌""霸王别姬"等故事及李清照、王安石、杜牧、毛泽东等人的诗词，全面了解项羽在历史上的得与失，对其做出评价。

（续表）

学习过程	**课堂小结：** "尽信书不如无书""旧书不厌百回读"，好的阅读习惯是我们获取知识的重要途径，质疑会带来思维的提升，理性的评价会更加客观、全面。 **反思：** 引导学生进行思辨阅读，能激发学生主动思考，学会理性分析，能客观评价人物与事件。
课时作业	我们在古典的回声中学习了正确看待历史人物，请将你对项羽的评价，列出观点提纲。
第七课 学习写人叙事	
课时目标	1.关注本单元文章叙事曲折有序、写人生动传神的特点。 2.探究叙事、写人的恰当方法。
学习任务	为了能在古典的回声中，获得"写的智慧"，本节课将关注隐藏在作品背后的作者，体验文学大家在写作的过程中给读者带来的情感波动和心灵震撼。
学习过程	**课堂导入：** 我们读书的时候，都有这样的体会。有的文章，吸人眼球，让人欲罢不能；有的文章，平淡如水，让人感到枯燥乏味。书中形象，有的栩栩如生；有的则印象不深，读过即忘。归其原因，在于作者的写作功底和写作方法，那么应如何叙事、如何写人呢？让我们吸取古人智慧，探究"写"的艺术。 **学习活动一：重读课文，根据文章内容，画出读者的思绪起伏图。** （说明：引导学生体会文章黄河九曲，一波三折的魅力） 例(1)：《子路、曾皙、冉有、公西华侍坐》

（续表）

	镜头	人物表现	人物性格	读者心理
学习过程	提问镜头	孔子善诱	启而不发、教艺高超	引而不发、产生期待
	对话镜头	子路率先	真率坦诚、自信张扬	夫子哂之、产生悬念
	应答镜头	学生发言	谦虚谨慎、自信低调	不置可否、产生疑问
	描述镜头	曾皙舍瑟	自在潇洒、追求高远	夫子与之、产生高潮
	追问镜头	曾皙尾随	刨根问底、触类旁通	夫子与之、产生回味

（说明：《侍坐》虽然以论述为主，也有文学叙事的要素。文章开头引而不发、结尾余音萦绕，中间有悬念、有跌宕、有高潮，有完整的叙事过程。）

例(2)：《烛之武退秦师》

①秦晋围郑紧张	②佚之狐献计稍放松	③烛之武推辞紧张	④郑伯致歉同意出马稍微放松
⑤劝说秦伯紧张	⑥劝说成功秦军撤退放松	⑦子犯请击大战在即紧张	⑧晋侯撤退解除危机真正放松

（说明：《烛之武退秦师》篇幅虽然短小，但是麻雀虽小，五脏俱全。在叙事上，展示了其曲折有序的特点。本篇行文波澜起伏，生动活泼，一张一弛，曲折有致，这种叙述方法，增强了文章的艺术感染力，也抓住了读者的心。）

（续表）

学习过程	学习活动二：漫画文中人物。 （说明：请同学自由选择课文中人物，通过阅读课文，把握人物最传神的特点，为人物画一幅画像。引导学生关注写人手法的灵活多样。画出的画不一定要精美，学生在讲述自己画作的时候，能把特点讲清楚即可。） 示例： (1)曾晳，通过文章中的动作、语言描写和其他弟子的对比，放大其温和好礼、多才多艺的特点。 (2)齐宣王，通过文章中的动作、语言描写，放大其野心勃勃、同时耐心倾听的特点。 (3)庄子，通过对其的语言描写，放大其侃侃而谈、思想汪洋恣意的特点。 (4)郑伯，可通过语言描写，放大其忧心忡忡而求贤若渴的特点。 (5)樊哙，可通过细节、动作、语言、神态等描写，通过与其他人物的对比，放大其勇猛无比、粗中有细的特点。 学习活动三：根据语境"王二家的牛丢了"，进行思考，接力续编故事，注意故事叙述的曲折性和写人的生动性。 （说明：请关注故事中人物形象的塑造，为了让人物具有典型性，让读者过目不忘，可运用多种方法塑造人物形象。也请关注曲折有序、吸引读者的故事，应该是跌宕起伏、一波三折的。） 课堂小结： 有特点的人物才能深入人心，有波澜的故事才能吸人眼球。在古典的回声中，我们看到无论是以说理为目的的诸子文，还是以叙事为主的史传文，都离不开以上种种，我们也有必要继续深入探究叙事和写人的其他手法。

（续表）

学习过程	**反思：** 　　学习古人叙事技巧有助于学生学会写人叙事，学以致用更可以检查学生学习效果。
课时作业	1.基础作业：将上面续写的故事，整合成故事，写在作文本上。 　　2.发展作业：继续探究能让叙事曲折，写人生动的手法。推荐阅读毛姆的《诗人》、赵树理的《小腿疼闹社房》。
第八课 进行思辨表达	
课时目标	写议论性文章，学会阐述自己的观点。
学习任务	为了探究古人的智慧，学会阐述自己的观点，再次回归课文，总结说理时，为何论理？所论何理？如何论理？
学习过程	**课堂导入：** 　　除了讲述故事、描写人物，在日常生活中，我们更有阐述自己观点的时候，这节课让我们从古典的回声中，学会阐述自己的观点。 　　**学习活动一：想清楚——聚焦同一事件，看不同人的不同观点。** 　　（说明：引导学生思考观点的形成与认知、角度、意图都有千丝万缕的关系，想清楚自己要达到什么样的目的，表达之前先想清楚自己的观点。） 　　《孔子家语》记录：楚王打猎时丢了一张弓，左右请求前往寻找，楚王却认为"楚人遗弓，楚人得之"，无需寻找。假如孔子、孟子、庄子三人在场，他们将如何评价楚王的做法？ 　　孔子示例：大同社会，强兵富民，慎守礼义。得弓之人，不必局限于地域之别。 　　孟子示例：君王不沉溺于甘肥、轻暖、彩色，大王此

（续表）

学习过程	举乃推恩以保四海，显其重民而轻财之举，甚合我心。

举乃推恩以保四海，显其重民而轻财之举，甚合我心。

　　庄子示例：楚王遗弓，此乃天道自然，顺势而为，此乃上策。

　　学习活动二：定下来——梳理所学内容，快速说出课文中作者想要表达的观点。

　　（说明：此环节意在让学生快速发现，在论述类文章中，作者的观点必须要鲜明。）

　　示例：

篇目	观点	表达方式
《子路、曾皙、冉有、公西华侍坐》	吾与点也。	内涵较为含蓄、态度明确。
《齐桓晋文之事》	保民而王。	直接、明确。
《庖丁解牛》	依乎天理。	以寓言方式表达、主旨鲜明。

　　学习活动三：明逻辑——以《子路、曾皙、冉有、公西华侍坐》《齐桓晋文之事》《烛之武退秦师》为例，画图展示作者在阐述自己论点的时候，有什么样的内在层次。

　　（说明：此环节意在让学生知道，要想阐述自己的观点，内在逻辑必须清晰。）

　　示例：

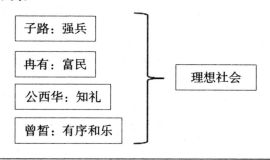

（续表）

| 学习过程 |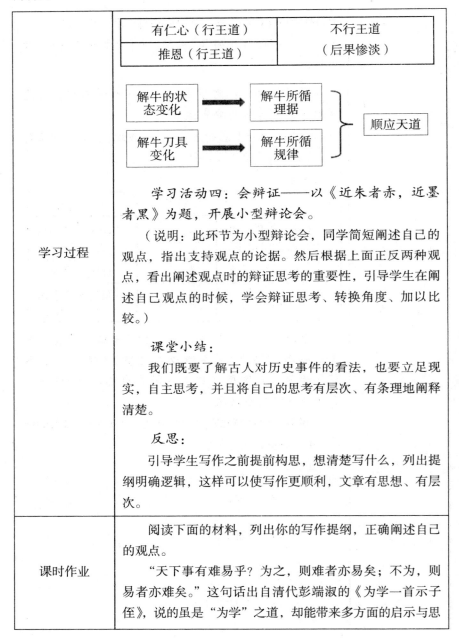

学习活动四：会辩证——以《近朱者赤，近墨者黑》为题，开展小型辩论会。

（说明：此环节为小型辩论会，同学简短阐述自己的观点，指出支持观点的论据。然后根据上面正反两种观点，看出阐述观点时的辩证思考的重要性，引导学生在阐述自己观点的时候，学会辩证思考、转换角度、加以比较。）

课堂小结：

我们既要了解古人对历史事件的看法，也要立足现实，自主思考，并且将自己的思考有层次、有条理地阐释清楚。

反思：

引导学生写作之前提前构思，想清楚写什么，列出提纲明确逻辑，这样可以使写作更顺利，文章有思想、有层次。 |
| --- | --- |
| 课时作业 | 阅读下面的材料，列出你的写作提纲，正确阐述自己的观点。

"天下事有难易乎？为之，则难者亦易矣；不为，则易者亦难矣。"这句话出自清代彭端淑的《为学一首示子侄》，说的虽是"为学"之道，却能带来多方面的启示与思 |

（续表）

课时作业	考。无论是个人，还是一个政党、一个国家，在前行路上，遇到"难"或"易"的问题，"为"或"不为"，都会带来不同的结果。 　　读了以上材料，你是否有同感或质疑？请结合自己的体验与思考，写一篇文章。

第九课时 完成展示评价

课时目标	制定评价标准，通过评价信息，完善自己的知识体系。
学习任务	为了让学生吸收知识的情况有客观的评价，本节课将学生之前的作业内容进行展示，在评价中获得再次提升。
学习过程	课堂导入： 　　在古典的回声中，我们一起探究了知识、思想和语言，想必大家都有了一定的收获，这节课，我们就一起通过大家的作品，来领略学生们的智慧。 　　学习活动一：深入情境，挖掘论事说理艺术，探究聊天的智慧。 　　示例： <table><tr><td>呈现方式</td></tr><tr><td>电脑 PPT 展示</td></tr><tr><td>漫画展示</td></tr><tr><td>板报展示</td></tr><tr><td>音频展示</td></tr><tr><td>视频展示</td></tr><tr><td>……</td></tr></table> 　　示例： <table><tr><td>评价标准</td></tr><tr><td>PPT 内容正确、形式新颖</td></tr><tr><td>漫画形象突出、有一定精细度</td></tr></table>

（续表）

学习过程	板报字画一体、相得益彰 音频吐字清晰、逻辑性强 视频有创意、展现思维 …… 　示例： <table><tr><td>评价方式</td></tr><tr><td>学生自评</td></tr><tr><td>组内互评</td></tr><tr><td>组间互评</td></tr><tr><td>教师点评</td></tr><tr><td>（包括历史老师、美术老师）</td></tr><tr><td>手机网上投票</td></tr><tr><td>……</td></tr></table> 　　学习活动二：积极落实，全班分工合作，完成展示与评价。 　　（说明：可以将评价分为课上完成和课下完成两个部分，课上完成自评、互评和任课教师评价，课后完成跨学科教师评价和网上投票评价。） 　　课堂小结： 　　从评价标准到展示形式，都是同学们智慧的结晶，这个过程中同学们思路清晰、思维活跃，标准设计合理，评价客观公正，同学们的自主合作能力都得到了提升。 　　反思： 　　从制定评价标准入手，进行成果展示与评价，是学生自主合作学习能力提高的有效途径。
课时作业	1.将课下完成的评价内容收集、汇总，在全班公布评价结果。 　　2.将本单元学习和展示的内容，制作成电子相册或者小视频，全班播放，记录过程和收获。

（续表）

单元作业	略。
单元质量评价	1.能有主动积累的意识，在积累过程中注重梳理，自主建构知识体系；能借助注释和工具书，阅读中国古代作品，读懂文章内容，背诵一定数量的名篇。 2.能主动梳理文中涉及的文化现象，理解中国传统文化的一些重要理念，认识其内涵及价值。 3.能利用所学信息解决实际问题，表达时，做到观点明确、内容完整、结构清晰。
单元教学反思	教师要全面理解教材及教参的相关内容，具备学科的大观念，结合课程标准，结合逆向设计理论去设计相关活动。在课堂上不断尝试、调整，优化学生的学习活动，研究更高效和更权威的评价方式。 1.反思学习目标的确定。 (1)学习目标是否符合新课程标准要求。 (2)学习目标是否符合学生实际，是否能调动学生的学习主动性。 2.反思学习活动的设计。 (1)是否在学生已有知识基础上，根据学习目标设计并符合学情。 (2)是否具有科学性、思想性和趣味性，是否符合学生年龄特点。 (3)是否注重学习方法的多样性，是否能完成学习任务。 3.反思评价方式。 (1)如何检测学生是否达到预期的学习目标。 (2)是否进行多元评价，注重过程与结果，方式灵活多样。

后记

在全心投入写作的这段日子里，我脑子里想的大都是书里的内容，甚至睡不着觉。但当写完这本书，我的情绪竟然没什么太大的波动，并没有预想中的激动、兴奋，只是忽然没有缘由地想起了一个人——司马迁。

"仆窃不逊，近自托于无能之辞，网罗天下放失旧闻，略考其行事，综其终始，稽其成败兴坏之纪，上计轩辕，下至于兹，为十表，本纪十二，书八章，世家三十，列传七十，凡百三十篇。亦欲以究天人之际，通古今之变，成一家之言。草创未就，会遭此祸，惜其不成，是以就极刑而无愠色。仆诚以著此书，藏之名山，传之其人，通邑大都，则仆偿前辱之责，虽万被戮，岂有悔哉？然此可为智者道，难为俗人言也！"

我告诉过学生，文章、诗词里出现的人物，大多和作者有关，要么对比，要么类比。可我和司马迁连比的资格都没有。他的人生苦难重重，他的作品光耀古今。我的人生虽然也说不上多么顺畅，但我写的东西只是告慰罢了，不敢和司马迁相比较。

告慰什么呢？告慰我的那位"身轻如燕"的语文老师？曾经认定我能成为作家的他应该也知道，写了一本书，这也算不上什么作家。告慰自己？我一直都知道自己做的是什么，用不着"告"，这些文字也没有特别突出的价值，做不到"慰"，但这些文字倒能帮我记住过去，在我渐渐遗忘过往时光的时候安慰我的心灵。最应该告慰的应该是教师这个职业，若不做这样一份工作，我就没有这样丰盈而美好的半生。

写到这里的时候，我心里暖暖的，想到了许多应该感谢的人。感谢引领这所学校不断前进的四位校长，他们让这所学校越来越好。这所学校对我来说，不仅是工作的单位，更是我身心的归宿。在我心里，他们不单单是行政领导，他们还是我成长的引领者、见证者、陪伴者。还要感谢我的两位师父。我不是那种特别自觉向上的人，多亏了他们一路的带领和推动，我才能走到这里。年轻的时候我偶尔叛逆地认为自己是被裹挟着前行，但其实我很快就明白，如果没人"裹挟"，自己可能就停在原地了。感谢一路同行的人。一直陪在我身边的小树，无需多言感谢，她是扎根在我心里的存在。我喜欢我所在的这所学校，记得同事朋友们给我的每一份温暖。没错，不是同事和朋友，很多同事本来就是很好的朋友。这世界有那么多人，多幸运，我们一起从过去走向未来。

我是一个简单的人，过的是最简单的生活。余生所想，也不过是做好手中事，珍惜心里人。人生要有光，那么我愿意发一份光。